교사, 평가에
질문하다

교사, 평가에 질문하다

**평가를 둘러싼
교사 공동체의
학습, 실행, 성찰의 기록**

이은상, 김준구, 안영석, 한얼, 김동건 지음

푸른칠판

평가를 둘러싼 진솔한
학습, 실행, 성찰의 기록

사회적 변화, 교육과정의 변화, 학습자의 변화는 그동안 우리가 많이 듣고, 학습해 온 것들이다. 그래서 이러한 이야기들이 다소 식상하게 느껴지기도 한다. 어쩌면, 너무 익숙한 나머지 변화의 자극제로 작용하지 않는지도 모르겠다. 마치 어릴 적, 부모님이나 선생님의 잔소리처럼 말이다. 아무리 외부적 환경이 변한다고 해도 교사 스스로가 고민하고 실천하고 성찰한 것이 아니라면 변화로 이어질 수 없다. 반대로 교사 자신이 원하는 변화를 이뤄 내면, 그 자체만으로도 동료와 학생들에게 의미가 될 수 있다. 이와 관련하여 파커 파머(2005)의 오래된 질문이 가슴에 와닿는다.

"우리가 흔하게 묻는 것은 '무엇'이라는 질문이다. 우리는 어떤 내용을 가르칠 것인가? 논의가 약간 깊어지면, 그다음에는 '어떻게'라는 질문이 나온다. 잘 가르치려면 어떤 방법과 기술이 동원되어야 하는가? 논의의 단계가 더 깊어지면, '왜'라는 질문이 제기된다. 우리는 어떤 목적, 어떤 목표를 달성하기 위해 가르치는가?

하지만 우리는 '누구'라는 질문은 거의 하지 않는다. 가르치는 사람은 누구인가? 그의 자아는? 그의 자아의식은 그가 학생, 교과, 세상에 연결되는 방식에 어떤 영향을 미치는가? 교육제도는 어떻게 하면 훌륭한 가르침의 원천인 자아의식을 유지하고 발전시킬 수 있는가?"

- 《가르칠 수 있는 용기》 중(파커 파머, 2005)

우리는 무미건조한 이름의 '교사', 특정직 공무원으로서의 '교사'이기 이전에 자아실현을 하고자 교사가 된 사람들이다. '나는 왜 교사가 되었는가?' 학생들이 사회적 변화에 잘 대응하도록 돕는 교사, 교육과정을 잘 이수하도록 하는 교사이기 이전에 스스로 다짐한 신념과 목표 그리고 욕구를 떠올려 본다. '나는 어떤 수업을 하고 싶었는가?', '내가 생각하는 평가는 어떤 것인가?' 그런데 현실에서는 이러한 생각을 할 겨를도 없이 많은 교사들이 수업과 평가를 마무리한다. 일종의 행정적 행위를 하고 있는 셈이다. 어쩌면 많은 교사들이 추구하는 수업 평가 혁신은 자신 안의 요구, 신념, 철학보다는 지침과 민원, 마감 등의 행위로부터 떳떳하기 위한 것이 아닐까? 가치를 규명하고 인간의 변화를 관찰·해석하는 행위로서의 '평가'가 아닌 나이스 입력을 위한 평가, 입시를 위한 평가에 모든 에너지를 사용하고 있지는 않은지 되돌아볼 일이다.

"의무 사항만 수행하다 보면 윤리적으로 칭송받겠지만 진정한 나의 일은 하지 못하게 된다. (중략) 프레데릭 뷔흐너는 직업에 대하여 좀 더 관대하고 인간적인 정의를 내렸다. '직업은 당신의 진정한 기쁨과 세상의 깊은 허기가 서로 만나는 장소이다.'"

– 《가르칠 수 있는 용기》(파커 파머, 2005) 중

그렇다. 교사의 '수업'이라는 행위는 외부 환경으로부터의 요구를 수용함과 동시에 자기 내면의 요구와 만남으로써 이뤄져야 한다. 교사에게 요구되는 규범과 사회적 변화만을 따르는 것은 자신에게 '나쁜 수업'이 될 것이다. 또한, 자기 내면의 소리에만 귀 기울인 나머지 외부의 규범과 요구를 무시하는 것도 '나쁜 수업'이라는 질책을 면하기 어렵다.

'나쁜 수업'이라는 오명을 벗고, 당당하게 주체 간의 만남인 '나'뿐 수업이 되기 위해서는 자신의 신념과 외부적 요구의 조화가 필요하다. 따라서 외부적 변화, 각종 규정에 대한 이해도 필요하다. 그리고 교사들에게는 수업과 평가를 돌아볼 시간, 즉 일종의 성찰 행위가 필요하다. 그러나 김태현(2012)이 성찰한 바와 같이 우리에게는 수업과 평가를 성찰할 시간이 부족하다.

"당장 눈앞에 있는 일을 처리하다 보면 정작 자신의 마음을 살필 시간이

없기 때문이다. 학교 현장도 마찬가지다. 정신없이 돌아가는 학교생활 속에서 나를 돌아보고 나의 수업을 살펴볼 여유를 찾기란 쉽지 않다. 내 수업이 어디서 문제가 생기는지, 나는 지금 왜 힘겨운지를 돌아보지 않은 채 하루하루 버텨 가고 있는 것이 우리의 현실이다."

– 《교사, 수업에서 나를 만나다》(김태현, 2012) 중

이 책은 많은 교사들에게 자신의 수업과 평가에 대해 성찰할 기회가 될 것이다. 사실, 이 책 대부분의 내용은 저자들의 실제 수업과 평가에 대한 성찰을 기초로 작성되었다. 이 책에 담겨 있는 이론적인 내용들도 자신의 수업과 평가에 대한 성찰 위에 의미를 갖는다. 새로운 평가 계획을 설계하는 일 역시 성찰을 통해서 이뤄질 것이다. 즉, 우리는 학생들의 변화를 기대하기 이전에 교사로서 자신만의 관점을 형성해야 한다. 이러한 관점을 통해 학교 밖 수업과 평가의 변화 논리를 해석하고 활용해야 할 것이다.

이 책은 크게 2개의 장으로 구성되었다. 1장에서는 모든 교사들이 학생평가 시 알아 두면 도움이 될 평가 관련 규정, 교육과정-수업-평가의 연계, 과정중심평가 등을 다루었다. 1장은 수업 및 평가 자율권을 요구하는 시기에 교사 스스로가 당당하게 자신의 권리를 확보하기 위한 바탕이 될 것이다. 또한, 최근의 학생평가에서 강조되는 개념을 살펴봄으로써 학생들에게 보다 유익한 평가를 설계하고 실행하는 방법을 탐색해 볼 것이다.

2장에서는 현장에서 교사들이 간과하기 쉬운 학생평가의 이슈들을 다루었다. 서로 다른 교과의 저자들이 '고민-연구-실천-성찰'한 내용을 담고 있다. 2장에서 다루는 주제들은 교사라면 누구나 한 번쯤 들어 봤을 개념이며, 자신의 학생평가를 성찰해 볼 때 쉽게 발견되는 모습과 관련된다. 이 책의 저자들은 오랜 시간 의례적으로 해 오던 학생평가 행위들을 진솔하게 드러내고, 변화를 위한 학습을 해 왔다. 그리고 동료들과의 대화를 통해 조금씩 변화되는 행위에 자신감을 얻어 갔다.

이 책을 쓰기까지는 많은 고민이 있었다. 그동안 그토록 많은 평가를 했지만 자신 있게 평가 전문가라고 말하기 어려운 현실과 마주한 탓이기도 하다. 그럼에도 불구하고, 미래학교 여정을 걸어 온 저자들이 독자들과 만나고 싶었던 지점은 일방적인 정답의 전달이 아니라 학생평가를 둘러싼 학습과 실행의 과정이었다. 각각의 사례가 주는 행위의 결과보다 저자들이 발견한 고민과 학습 그리고 실행과 성찰의 과정에 초점을 두고 읽기를 권장한다. 그리고 주위의 동료들과 함께 자신의 맥락 안에서 새로운 변화를 만들어 가기를 기대해 본다.

책을 펴내며 누구보다도 선생님들의 수업과 평가에 열심히 참여하고 피드백을 해 준 우리 학생들에게 감사한다. 학생들은 늘 평가의 본질과 변화를 고민하게 한 주체들이었다. 그리고 학생평가에 대한 고민을 공식·비공식적으로 함께 나눠 온 동료들에게도 감사한다. 저자들의 학교에서는 학생평가를 둘러싼 논쟁과 갈등이 종종 나타났다. 평가 관련 문제를 관습적으로 풀거나 숨기지 않고, 늘 공동으로 연구하고 실천할 수 있는 문화를 지탱하는 것이 얼마나 중요한 것인지를 늘 깨우치게 하였다. 아마도 그것이 저자들을 끊임없이 학습하고 성찰하게 만드는 원동력이 되었을 것이다. 또한, 학생평가의 변화를 지원해 준 교장·교감 선생님, 교육청 관계자분들께도 감사드린다. 학생평가에 대한 다양한 접근을 지지하고 무한한 지원을 해 준 것이 저자들에게 큰 응원이 되었다. 마지막으로, 이 책이 독자들을 만날 수 있도록 연결해 준 푸른칠판에게도 감사한다. 바로 써먹을 수 있는 정보를 얻고자 하는 요구가 많은 현실에서 '진솔하게 성찰하고, 우직하게 실천해 보자'고 독려하는 책을 내기란 쉽지 않은 결정일 수 있다. 이 책을 선택한 독자들 역시 더디 가더라도 진솔하고 우직하게 가고자 하는 이들일 것이라고 확신해 본다.

이 책을 시작하며 독자들에게 두 가지 질문을 던져 본다.

"선생님은 어떤 수업을 꿈꾸었나요? 혹은 꿈꾸고 있나요?"
"선생님은 어떤 평가를 꿈꾸었나요? 혹은 꿈꾸고 있나요?"

2021.12월
저자 일동

평가,
다시 짚어 보기

_ 평가 관련 법령, 설계, 관점

• 일러두기 : 교육과정-수업-평가 관련 법령에 대한 내용은 집필 당시의 법령을 토대로 작성되었다. 향후 변경된 법령과 교육과정이 있을 경우, 이 책의 내용을 참고하여 '교육과정 법령 문해력'을 발휘하기를 권장한다.

교육과정-수업-평가 규정, 얼마나 활용하고 있을까?

교육과정-수업-평가 법령 문해력?

수업과 평가에 영향을 미치는 외부의 요구들은 여러 가지가 있으나 공교육 교사에게 가장 많은 영향을 미치는 것이 바로 '법령'이다. 교사의 수업과 평가는 법령 안에서 보호받고 있음과 동시에 법령에 의해 통제되고 있기도 하다. 따라서 교육과정-수업-평가와 관련된 법령을 이해하는 것은 교사의 권리와 의무에 관한 문제이기도 하다. 법령을 제대로 이해해야 교사에게 주어진 권리를 최대한 누릴 수 있고, 일종의 법적 의무를 다할 수도 있기 때문이다. 즉, 법령을 이해하는 것은 교사의 교육과정-수업-평가의 자율권을 확보하기 위한 노력이며, 불필요하거나 비효율적인 관행으로부터 벗어날 수 있는 방법이 된다.

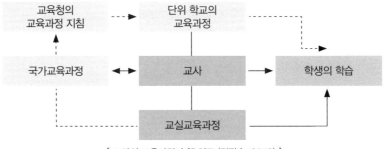

[교사의 교육과정 수행 경로 (정광순, 2012)]

많은 연구자들이 교육과정-수업-평가와 관련된 법령의 문서를 이해하고 활용할 수 있는 능력을 '교육과정 문해력'이라고 표현한 바 있다. 성정민(2019)은 기존의 논의를 종합하여 교육과정 문해력을 "교사가 교육과정과 관련된 다양한 것들을 해석하고(읽고), 처한 현장에 적합하게 교육과정을 개발하고 실행하는(쓰는) 능력이다."라고 정의하였다. 정광순(2012)은 교육과정을 제대로 활용하기 위해서는 교육과정 문서를 있는 그대로 읽을 줄 아는 것이 중요하며 교육과정을 근거로 교과서를 판단할 수 있어야 한다고 하였다.

그렇다면 교사들이 교육과정 문해력을 발휘해야 하는 문서란 무엇인가? 유영식(2018)은 교육과정 문서와 자료를 구분하였다. 앞서 언급한 논의와 같이, 교육과정 문서는 교사의 수업-평가에 영향을 미치는 법령을 뜻하는 반면, 교사용 지도서와 교과서는 교육과정 자료에 해당한다. 즉, 교과서와 지도서는 교사의 교육과정-수업-평가 설계를 위한 참고 자료로서의 성격을 갖는다. 그동안 교과서와 지도서를 문서의 지위에 두고 교육과정-수업-평가 설계를 하지는 않았는지 되돌아볼 일이다.

교육과정-수업-평가 관련 법령 문서	
· 교육기본법	· 초 · 중등교육법
· 초 · 중등교육법 시행령	· 초 · 중등교육법 시행규칙
· 학교생활기록 작성 및 관리지침(교육부 훈령)	
· 교육과정 총론(교육부 고시)	· 시도교육청 학업성적관리지침
· 시 · 도교육청 교육과정 편성 · 운영 지침	· 학교 학업성적관리규정

　　지금까지의 교육과정 문해력은 주로 수업, 평가와 직접적으로 관련된 교육과정 내용에 대한 이해와 활용을 뜻하였다. 교육과정 문해력이 교육과정 설계 문해력, 수업 문해력, 평가 문해력으로 설명되는 것도 이와 관련된다(유영식, 2017). 그런데, 수업 및 평가 패러다임이 변화하는 이 시점에서 교육과정 문해력의 범위에 넣어야 할 것으로 '교육과정 법령(규정) 문해력'을 제안해 본다. 이것은 교육과정 총론과 교과별 각론의 성취기준에 대한 이해와 활용과는 다른 측면으로서, 교사의 자율권, 수업권, 평가권에 관한 이해와 활용을 뜻한다. 교사가 가르쳐야 하는 내용, 방법, 평가를 고민하기에 앞서 교사가 가르칠 수 있는 권리와 가르쳐야 하는 의무를 이해해야 한다. 권리와 의무 사이에서 교육과정-수업-평가 문해력을 발휘할 공간이 생기기 때문이다. 단순히 연수나 자료 등에 의존하기보다는 자신의 수업과 평가에 직접적으로 영향을 미치는 상위 법령들을 읽고, 해석·판단하며, 활용하려는 노력이 필요하다. 다음과 같이 학교 학업성적관리규정, 교육과정 편성 운영 지침 안에서 교육과정을 설계하기 전에 상위 법령(초·중등교육법, 시행령, 시행규칙, 훈령 등)을 살펴봄으로써 하위 규정들의 의미와 취지를 제대로 이해할 필요가 있다.

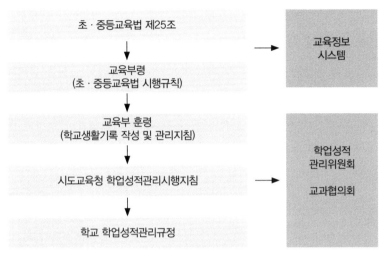

초·중등교육법 제25조 → 교육정보 시스템

교육부령
(초·중등교육법 시행규칙)

교육부 훈령
(학교생활기록 작성 및 관리지침)

시도교육청 학업성적관리시행지침 → 학업성적 관리위원회 교과협의회

학교 학업성적관리규정

[평가 규정의 위계 (* 출처 : 2018학년도 중학교 학업성적관리지침, 서울교육 2018-44.)]

교사의 교육과정-수업-평가 자율권의 확보는 교육과정을 둘러싼 문서를 이해하고 해석하는 것에서부터 시작된다. 이를 통해 평가도구, 수행 과제, 수업 방법, 수업 매체 등을 선정하고 설계하는 일로 이어진다. 교과서, 지도서, 각종 참고 자료에만 의존할 경우, 교육과정 문서를 이해하고 해석할 이유는 없다.

최근 교육 패러다임은 물론이고 현재의 교육과정에서는 교사의 교육과정 재구성을 권장하고 있다. 학생 중심 수업, 과정중심평가를 위해 교육과정 재구성은 필수적이다. 이를 위해서는 교육과정 문서를 이해하고 분석함으로써 각각의 수업 상황에 교육과정의 핵심적인 내용을 효과적으로 반영해야 한다. 그러나 현장에서는 여전히 혼란스럽다. 교육과정을 재구성한다는 것은 어디까지 허용된 일인가? 과정중심평가와 관련된 명확한 지침은 무엇인가? 교사는 어느 범위 안에서 상상력을 발휘하고 실천할 수 있는가?

이러한 질문들에 답하기 위해 우리는 먼저 교육과정 문서를 살펴봐야 한다. 이것은 교육과정상의 성취기준을 이해하는 일을 넘어, 교육과정과 관련된 문서에서 교육과정, 수업, 평가를 어떻게 규정하고 있는지를 살펴보는 일이다. 말하자면, '교육과정 문해력'의 범위를 확대하자는 것이다. 개별 성취기준을 읽고 활용하기 전에, 교사가 읽고 쓸 수 있는 법·제도적인 환경을 파악하는 것이 필요하기 때문이다. 지금부터 교사의 교육과정-수업-평가와 관련하여 그대로 수용해야 할 부분, 다양한 해석이 가능한 부분, 수정되거나 제·개정되어야 할 부분에 대해 살펴보자.

교육과정-수업-평가 관련 법령

교사의 교육과정-수업-평가에 영향을 미치는 규정은 다양하지만 여기서는 교사의 교육과정-수업-평가에 직접적으로 관련되는 규정을 중심으로 살펴보고자 한다. 특히, 교사의 교육과정 자율권, 수업권, 평가권에 영향을 미칠 수 있는 규정 조항들을 선택하였다. 기본적이고 대략적인 사항을 정한 상위 법령을 살펴본 후, 교사 교육과정 편성, 수업, 평가, 기록 등에 영향을 미칠 수 있는 규정들을 차례로 검토하였다. 이를 통해 우리는 무엇을 지켜야 하고, 무엇을 할 수 있으며, 무엇을 요구해야 할지 생각해 보자.

1) 법령 들어가기

법 위계	내용
교육기본법 (법률)	제9조(학교교육) ④ 학교의 종류와 학교의 설립·경영 등 학교교육에 관한 기본적인 사항은 따로 법률로 정한다. 제26조(평가 및 인증제도) ① 국가는 국민의 학습성과 등이 공정하게 평가되어 사회적으로 통용될 수 있도록 학력평가와 능력인증에 관한 제도를 수립·실시할 수 있다. ② 제1항에 따른 평가 및 인증제도는 학교의 교육과정 등 교육제도와 상호 연계되어야 한다.
초·중등교육법 (법률)	제9조(학생·기관·학교 평가) ① 교육부 장관은 학교에 재학 중인 학생을 대상으로 학업성취도를 측정하기 위한 평가를 할 수 있다. 제23조(교육과정 등) ① 학교는 교육과정을 운영하여야 한다. ② 교육부 장관은 제1항에 따른 교육과정의 기준과 내용에 관한 기본적인 사항을 정하며, 교육감은 교육부 장관이 정한 교육과정의 범위에서 지역의 실정에 맞는 기준과 내용을 정할 수 있다. 제25조 ① 학교의 장은 학생의 학업성취도 및 인성 등을 종합적으로 관찰·평가하여 학생 지도 및 상급 학교(「고등교육법」 제2조 각 호의 규정에 의한 학교를 포함한다.)의 학생 선발에 활용할 수 있는 다음 각 호의 자료를 교육부령으로 정하는 기준에 따라 작성·관리하여야 한다. (생략) 5. 교과학습 발달상황
초·중등교육법 시행령 (대통령령)	제10조(학생의 평가) 법 제9조제1항의 규정에 의한 학생의 학업성취도 평가에 관하여 필요한 사항은 교육부 장관이 정한다.
초·중등교육법 시행규칙 (부령)	제21조(학교생활기록의 기재내용 등) ① 법 제2조에 따른 학교(이하 "학교"라 한다)의 장이 법 제25조제1항에 따라 같은 항 제1호부터 제6호까지의 자료를 학교생활기록으로 작성하는 경우 그 기재 내용은 다음 각 호와 같다. (생략) 5. 교과학습 발달상황: 학생의 재학 중 이수 교과, 과목명, 평가 결과 및 학습활동의 발전 여부 등

교육기본법은 우리나라의 교육에 관한 대략적인 내용을 담고 있는 법령으로, 학교교육이 지향해야 하는 바를 다룬다. 교육과정 총론에서 제시하고 있는 '인간상', 교육과정 구성 방향 등은 교육기본법에서 제시하고 있는 학교교육의 방향으로부터 출발한다. 제26조에 나타난 '평가'는 교사들이 단위 학교에서 실시하는 평가와는 거리감이 있다. 이때의 평가는 외부 평가, 혹은 전국 단위의 평가를 뜻한다. 따라서, 수학능력시험, 학업성취도평가 등이 학교 교육과정과 괴리된다면 교육기본법에 어긋난 것이다.

한편, 초·중등교육법은 제23조에서 교육과정에 대한 원칙을 제시하고 있다. 교육과정 기준과 내용에 관한 기본적인 사항은 교육부 장관이 정하도록 하였고, 그 범위 안에서 교육감은 지역 실정을 교육과정에 반영할 수 있다. 따라서 교육부가 정한 교육과정의 내용과 기준이 무엇이냐에 따라 시·도교육청의 권한은 확대되거나 축소될 수 있다. 이는 단위 학교와 교사들에게도 마찬가지이다.

동법 제25조제1항은 학교에서의 학생평가를 언급하고 있다. 구체적으로 평가의 목적을 학생 지도와 상급학교 학생 선발에 활용한다고 밝히고 있다. 평가의 목적이 최초로 언급되는 조항이다. 법령에서 언급한 내용 중 학생 선발은 비교적 익숙한 상황을 연상시키기 때문에 이해가 쉽다. 그러나 '학생 지도'란 무엇을 말하는가? 학교에서의 학생 평가를 통해 우리는 어떻게 학생 지도를 하고 있는가? 추론컨대, 학생의 인지, 정서, 신체 발달에 대한 지도, 이를 통한 진로진학 지도를 뜻한다고 해석할 수 있다. 분명, 초·중등교육법에서 학생 지도와 학생 선발이라는 목적을 설정하였음에도 불구하고 학생 지도라는 문구가 유독 어색하게 느껴지는 것은 왜일까? 우리나라의 교육이 학생 선발에 초점을 맞춰 왔기 때문은 아닐까?

최근 강조되고 있는 과정중심평가는 학교 현장의 평가 목적을 선발 중심에서 학생 지도 및 학생 성장으로 변화시키는 계기가 되고 있다. 상위 법령에서 학생 지도를 명시한 만큼, 하위 규정들이 이를 지지하고 있는지 살펴봐야 할 것이다. 그동안 우리의 평가 관련 규정들은 공정한 학생 선발에만 치중하지 않았을까? 실제로 초·중등교육법에서는 학생 지도와 관련된 규정을 언급하고 있지 않으나 학생 선발에 필요한 자료들의 종류는 비교적 구체적으로 정하고 있다. 그중 교과학습 발달상황이 포함되어 있으며 동법 시행령 제10조에서는 구체적인 사항을 교육부 장관이 정하도록 하였다. 이에 따라 초·중등교육법 시행규칙은 이수 교과, 과목명, 평가 결과 및 학습활동의 발전 여부 등을 기재하도록 하고 있다.

이와 같이 법률, 시행령, 시행규칙에서는 교육과정-수업-평가와 관련한 기본적이고 일반적인 내용을 제시하였다. 그리고 이러한 법령에 근거한 행정명령(훈령 및 고시)이 보다 구체적인 내용을 담아 교사의 교육과정-수업-평가에 영향을 미치고 있다.

2) 교육과정 편성

문서명	목차	내용
학교생활기록 작성 및 관리지침 (교육부 훈령)	[별표9] 교과학습 발달상황 평가 및 관리	2. 주요 용어 정의 나. 성취기준이란 학생들이 교과를 통해 배워야 할 내용과 이를 통해 수업 후 할 수 있거나 할 수 있기를 기대하는 능력을 결합하여 나타낸 활동의 기준을 의미하며, 학생의 특성·학교 여건 등에 따라 교육과정 및 교과서 내용을 분석하여 교과협의회를 통해 재구조화할 수 있다.
교육과정 총론 (교육부 고시)	Ⅰ. 교육과정 구성의 방향 2. 교육과정 구성의 중점	나. 교과의 핵심 개념을 중심으로 학습 내용을 구조화하고 학습량을 적정화하여 학습의 질을 개선한다. 마. 교과의 교육목표, 교육 내용, 교수·학습 및 평가의 일관성을 강화한다.
	Ⅲ. 학교 교육과정 편성·운영 1. 기본 사항	바. 교과와 창의적 체험활동의 내용 배열은 반드시 학습의 순서를 의미하는 것은 아니므로, 지역의 특수성, 계절 및 학교의 실정과 학생의 요구, 교사의 필요에 따라 각 교과목의 학년군별 목표 달성을 위한 지도 내용의 순서와 비중, 방법 등을 조정하여 운영할 수 있다.
서울시교육청 교육과정 편성·운영 지침	제3장 학교 교육과정의 편성·운영 1. 기본 사항 가. 편성	11) 교육과정의 연구 등을 위해 새로운 방식으로 교육과정을 편성·운영하고자 하는 학교는, 교육부 장관의 승인을 받아 이 교육과정의 기준과는 다르게 학교 교육과정을 편성·운영할 수 있다.
	제3장 학교 교육과정의 편성·운영 1. 기본 사항 나. 운영	1) 학교는 교과목별 성취기준을 반영한 학습목표를 설정하여 교과별 연간 계획을 수립하고, 모든 학생이 학습목표를 성취하도록 학생 개개인의 능력에 알맞은 학습 기회와 다양한 학습 방법을 제공하도록 한다.
	제3장 학교 교육과정의 편성·운영 2. 교과(군)와 창의적 체험활동 가. 교과(군)	8) 학년 초 또는 학기초에 교육목표, 내용, 방법, 평가를 고려하여 일관성 있는 교수학습이 전개될 수 있도록 교과목별 성취기준과 성취수준을 마련하여, 각 학교의 교과별 교육과정 또는 평가 계획에 포함하도록 한다. 9) 각 교과의 기초적, 기본적 요소들이 체계적으로 학습되도록 계획하고, 이를 일관성 있고 지속성 있게 지도한다.

일반적으로 국가 수준, 교육청 수준, 학교 수준 교육과정을 반영하여 교사 교육과정을 편성한다. 그렇다면 교사는 교육과정 문해력을 발

휘하여 어느 정도까지 재구성할 수 있을까? 우선, 이와 관련한 법령상의 명확한 근거는 없다. 다만, 교육부 훈령에 따르면, 성취기준은 학생의 특성, 학교 여건 등에 따라 교육과정 및 교과서 내용을 분석하여 교과협의회를 통해 재구조화할 수 있도록 하였다. '학교' 혹은 '교사'가 문장의 함의된 주어라고 할 때, '성취기준'은 목적어가 되고, '재구조화'는 서술어가 된다. 즉, '교사는 성취기준을 재구조화할 수 있다.'라고 교육부 훈령의 문장을 요약할 수 있다. 그러나 교육과정 재구조화의 수준과 범위가 어디까지인지에 대한 해석의 여지가 남게 된다. 이 문장을 넓게 해석할 경우, 성취기준은 문장의 수정, 문장 간 통합이 가능하다. 이와 관련하여 교육과정 총론(교육부 고시)에서는 상황에 따라 교과목의 목표 달성을 위한 지도 내용의 순서, 비중, 방법 등을 조정하는 것으로 설명하고 있다. 교육과정 총론의 문장은 '내용 배열'이 목적어이고, 서술어는 '조정할 수 있다'이다. 즉, '내용 배열'이 곧 성취기준을 뜻하는 것이 아니므로, 성취기준은 배열상의 조정만 가능하다는 논리가 적절하지 않을 수 있다.

시·도교육청 교육과정 편성·운영 지침을 살펴보면 학교는 학년 초 교과목별 성취기준을 마련하도록 되어 있다. '마련'이란 단어를 능동적 의미로 해석한다면, 이때의 성취기준은 교사가 재구조화한 것을 뜻할 것이다. 교사의 성취기준 재구조화의 범위에 대해 명확하게 답을 줄 수 있는 법령은 없다. 다만, 한국교육과정평가원 혹은 시도교육청 연수 자료에서는 성취기준 재구조화의 범위를 다음과 같이 안내하고 있다.

- 교육과정 재구조화란 교육과정 성취기준을 실제 교수 · 학습 및 평가 상황에 적합하도록 조정하는 것임.
- 교사는 필요한 경우, 평가를 실시하기에 앞서 교육과정을 재구조화해야 함.
- 재구조화를 통해서 성취기준을 보다 구체적이고 명료하게 하고, 통합하거나 순서를 바꿀 수 있음.
- 성취기준을 통합하거나 일부 내용을 압축하여 재구조화할 경우, 성취기준의 내용 요소 일부가 임의로 삭제되지 않도록 유의해야 함.
- 또한 일부 내용 요소를 추가해야 하는 경우에는 학생의 학습 및 평가 부담이 가중되거나 선행학습이 이루어지지 않도록 학년(군), 학교급 및 교과(군) 간의 연계성을 충분히 고려해야 함.

요약하자면, 교육과정 재구조화는 성취기준 순서의 재배치와 통합을 뜻하며, 이때 성취기준의 내용 요소를 임의로 삭제하지 않아야 함을 뜻한다. 그렇다면 교육과정 재구조화가 곧 교육부 훈령에서 제시하는 성취기준 재구조화일까? 성취기준을 구성하는 요소 중 내용 요소의 임의 삭제만을 언급한 이유는 무엇일까? 국어, 영어와 같은 기능 중심 교과는 교육과정 재구조화가 자유로운 반면, 사회나 과학과 같이 내용 요소가 많은 교과는 상대적으로 재구조화의 제약이 많은 것은 아닐지 생각해 볼 필요가 있다.

이와 같이 교사 교육과정 편성의 핵심이 될 수 있는 '교육과정 재구조화'의 의미는 명확하지 않다. 그러나 명확하지 않다는 것은 오히려 여러 가지 해석을 통해 다양한 교육과정이 만들어질 여지가 있다는 것을 뜻한다. 따라서 개별 교사뿐만 아니라 교과협의회에서는 교과의 목적과 성격을 토대로 성취기준 재구조화의 범위와 수준 등에 대해 논의하고, 학교 차원에서 각 교과별 상황을 공유할 필요가 있다.

3) 교수 · 학습

문서명	목차	내용
교육과정 총론 (교육부 고시 2015-74호)	Ⅲ. 학교 교육 과정 편성·운영 2. 교수 · 학습	가. 학교는 교과목별 성취기준에 따라 다음과 같은 사항에 중점을 두고 교수 · 학습이 이루어지도록 한다. 1) 교과의 학습은 단편적 지식의 암기를 지양하고 핵심 개념과 일반화된 지식의 심층적 이해에 중점을 둔다. 2) 각 교과의 핵심 개념과 일반화된 지식 및 기능이 학생의 발달 단계에 따라 그 폭과 깊이를 심화할 수 있도록 수업을 체계적으로 설계한다.

교수·학습과 관련한 법령에서는 교수학습의 중점 사항으로서 핵심 개념과 일반화된 지식의 심층적 이해를 강조하고 있다. 위 표에서는 생략되었으나 심층적 이해를 위해 토의토론, 체험, 프로젝트 등의 다양한 교수학습 방법을 적용하도록 하였으며 지역사회 자원과 연계할 것도 언급하였다.

사회과를 예로 들어 보자. 사회과의 핵심 개념과 일반화된 지식은 26쪽 상단의 표와 같이 교육과정 내용체계표(각론)에 제시되어 있다. 교육과정 총론의 문장을 따른다면 교수학습의 설계는 각 영역별 핵심 개념과 일반화된 지식을 중심으로 이루어져야 한다. 이는 교수학습 방법을 설계하는 차원뿐만 아니라 교육과정 재구성(재구조화)의 차원에서도 고려할 부분이다. 교육과정-교수학습-평가가 연계되기에, 핵심 개념과 일반화된 지식 이해를 위한 교수학습 경험은 학습목표 및 재구조화된 성취기준(교사 수준)과 연결되기 때문이다. 즉, 성취기준을 통합하더라도 핵심 개념과 일반화된 지식에 대한 심층적인 학습경험을 제공할 수 있어야 한다. 성취기준에 비해 핵심 개념과 일반화된 지식의 범위가 넓기 때문에 교육과정 재구성(재구조화)의 범위도 함께 넓어질 수 있다.

영역	핵심 개념	일반화된 지식	내용 요소			기능
			초등학교		중학교	
			3~4학년	5~6학년	1~3학년	
정치	민주주의와 국가	현대 민주 국가에서 민주주의는 헌법을 통해 실현되며, 우리 헌법은 국가기관의 구성 및 역할을 규율한다.	민주주의, 지역 사회, 공공 기관, 주민 참여, 지역 문제 해결	민주주의, 국가기관, 시민 참여	정치, 민주주의, 정부 형태, 지방 자치 제도	조사하기 분석하기 참여하기 토론하기 비평하기 의사 결정 하기
	정치과정과 제도	현대 민주 국가는 정치과정을 통해 시민의 정치 참여가 실현되며, 시민은 정치 참여를 통해 다양한 정치 활동을 한다.		생활 속의 민주주의, 민주 정치 제도	정치과정, 정치 주체, 선거, 시민 참여	
	국제 정치	오늘날 세계화로 인해 다양한 국제기구들이 활동하고 있으며, 한반도의 국제 질서도 복잡해지고 있다.		지구촌 평화, 국가 간 협력, 국제기구, 남북통일	국제 사회, 외교, 우리나라의 국가 간 갈등	
법	헌법과 우리 생활	헌법은 국민의 기본권을 보장하고, 국가기관의 구성 및 역할을 규정한다.		인권, 헌법, 기본권과 의무, 국가기관의 구성	인권, 헌법, 기본권, 국가기관의 구성 및 조직	조사하기 분석하기 구분하기 적용하기 존중하기 참여하기
	개인 생활과 법	민법은 가족 관계를 포함한 개인 간의 법률관계와 재산 관계를 규율한다.				
	사회생활과 법	우리나라는 공동체 질서 유지를 위한 형법과 사회적 약자 보호를 위한 사회법을 통해 정의로운 사회를 구현한다.		법, 법의 역할	법, 법의 구분, 재판	

[사회과 내용체계표 중 일부(* 출처: 중학교 교육과정)]

4) 평가

문서명	목차	내용
학교생활기록 작성 및 관리지침 (교육부 훈령)	[별표 9] 교과학습 발달상황 평가 및 관리 1. 평가의 목표 및 방침	가. 교과학습의 평가는 학생의 교육목표 도달도를 확인하고 교수·학습의 질을 개선하는 데 주안점을 둔다. 또한, 교수·학습과 평가 활동이 일관성 있게 이루어지도록 하며, 평소 학교에서 가르친 내용과 기능에 대하여 학생 개개인의 교과별 성취기준·평가 기준에 따른 성취도와 학습 수행 과정을 평가하는 방법을 적용한다. 다. 교과학습의 평가는 지필평가와 수행평가로 구분하여 실시한다. 다만, 각 호에 대하여 시·도교육청의 학업성적관리시행지침에 의거하여 학교별 학업성적관리규정으로 정하여 수행평가만으로 실시할 수 있다. 라. 다항에도 불구하고, 감염병의 전국적 유행 등 국가 재난에 준하는 상황에서는 지필평가 또는 수행평가만으로 평가하거나 초등학교와 중학교는 교육부 장관이 정하는 바에 따라 지필 및 수행평가를 실시하지 않을 수 있다.
	2. 주요 용어 정의	가. 수행평가란 교과 담당 교사가 학습자들의 학습 과제 수행 과정 및 결과를 직접 관찰하고, 그 관찰 결과를 전문적으로 판단하는 평가 방법이다.

| 학교생활기록
작성 및
관리지침
(교육부 훈령) | 4. 중학교 ·
고등학교
평가 방법 | 가. 평가 계획 수립
(1) 교과학습의 평가 계획은 각 과목의 교육과정 및 학교 · 교과의 특성을 감안하여 교과(학년)협의회에서 수립하고, 이를 학교 학업성적관리위원회의 심의를 거쳐 학교장이 최종 결정한다.
(2) 평가 계획에는 각 교과(학년)별 지필평가 및 수행평가의 영역 · 방법 · 횟수 · 반영 비율 · 수행평가 세부 기준(배점) 등과 성적처리 방법 및 결과의 활용 등을 포함한다.
(3) 확정된 평가 계획은 정보공시 등을 통해 학생 및 학부모에게 공개한다. 또한, 변경 사항이 있는 경우에는 수정하여 평가 실시 전에 재공지한다.
나. 평가 운영
(1) 지필평가 문제는 타당도, 신뢰도를 제고할 수 있도록 출제하고, 평가의 영역, 내용 등을 포함한 문항 정보표 등 출제 계획을 작성하여 활용하며, 동일 교과 담당 교사 간 공동 출제를 한다.
(2) 지필평가는 문항별 배점을 표시하여 가급적 100점 만점으로 출제하고 문항의 수준별 난이도의 배열에 유념한다.
(4) 정규 교육과정 외에 학생이 수행한 결과물에 대해 점수를 부여하는 과제형 수행평가는 실시하지 않는다.
(5) 수행평가의 점수는 점수화가 가능한 영역의 점수만 반영하되, 기본 점수의 부여 여부, 부여 점수의 범위 등은 시 · 도 교육청의 학업성적관리시행지침에 따라 학교의 학업성적관리규정으로 정한다. |
| 교육과정
총론
(교육부 고시
2015-74호) | Ⅲ. 학교
편성 · 운영
3. 평가 | 가. 평가는 학생의 교육목표 도달도를 확인하고 교수 · 학습의 질을 개선하는 데에 주안점을 둔다.
1) 학교는 학생에게 평가 결과에 대한 적절한 정보 제공과 추수 지도를 통해 학생이 자신의 학습을 지속적으로 성찰하고 개선할 수 있도록 지도한다.
2) 학생평가 결과를 활용하여 수업의 질을 지속적으로 개선한다.
나. 학교와 교사는 성취기준에 근거하여 학교에서 중요하게 지도한 내용과 기능을 평가하며 교수 · 학습과 평가 활동이 일관성 있게 이루어지도록 한다.
1) 학생에게 배울 기회를 주지 않은 내용과 기능은 평가하지 않도록 한다.
2) 학습의 결과뿐만 아니라 학습의 과정을 평가하여 모든 학생이 교육목표에 성공적으로 도달할 수 있도록 한다.
3) 학교는 학생의 인지적 능력과 정의적 능력에 대한 평가가 균형 있게 이루어질 수 있도록 한다. |

교육과정 총론 (교육부 고시 2015-74호)	Ⅲ. 학교 편성 · 운영 3. 평가	다. 학교는 교과의 성격과 특성에 적합한 평가 방법을 활용한다. 1) 서술형과 논술형 평가 및 수행평가의 비중을 확대한다. 2) 정의적, 기능적, 창의적인 면이 특히 중시되는 교과는 타당한 평정 기준과 척도에 따라 평가를 실시한다. 3) 실험 · 실습의 평가는 교과목의 성격을 고려하여 합리적인 세부 평가 기준을 마련하여 실시한다.
서울시교육청 학업성적관리 지침	제2조 (기본 방침)	⑧ 본 지침과 당해 학교 학업성적관리규정에 명시되지 않은 사항은 학교별 학업성적관리위원회의 심의를 거쳐 학교장의 결재 후 시행한다.
	제10조 (평가의 목표 · 내용 및 방법)	③ 교과별 교육과정의 성취기준이 고루 평가될 수 있도록 평가 기준을 작성한다.
	제11조 (수행평가)	③ 수행평가의 점수는 점수화가 가능한 영역의 점수만 반영한다. 기본 점수를 부여하는 과목의 평가에서 기본 점수를 부여할 수 없는 경우(무단결과, 불성실한 수업 참여 등)에는 그 사례와 점수 부여 기준을 '수행평가 기준'에 명시하여 학생 · 학부모에게 공개한 후 적용한다. ⑥ 수행평가는 획일적인 과제물 위주의 평가를 지양하고, 논술, 관찰법, 역할극, 토론법, 자기평가, 동료평가, 협력학습 등 다양한 평가 방법을 도입한다. 부득이 과제형 수행평가를 실시할 경우 계획 수립 시와 중긴 단계의 지도 조언, 걸과물 평가 등 학생이 직접 수행한 과제인지 확인할 수 있는 방안을 마련한다.

　현장 교사들에게 평가 관련 규정들은 각종 평가 연수를 통해 익숙해졌을 것이다. 앞에서 제시한 법령상 평가 관련 규정들의 내용상 특징은 다음과 같다.

　첫째, 평가의 목표는 목표 도달 확인과 교수학습의 질 개선이다. 앞에서 초·중등교육법의 학생평가는 학생 지도와 학생 선발이라는 목표가 있음을 지적하였다. 그러나 하위 법령인 학교생활기록 작성 및 관리지침(교육부 훈령)에서는 평가의 목표에서 학생 선발이 언급되지 않는다. 즉, 평가의 본래 목적은 학생 지도이며 그 결과를 학생 선발에도 활용한다는 의미로 해석할 수 있다. 학생 지도는 곧 학생의 목표 도달도 확인으로부터 시작되므로 평가가 필요하다. 목표 도달도를 확인하기 위해서는 각 수업의 목표 설정이 선행되어야 한다. 법령에서는 성취기준, 평가 기준, 수업 목표 등의 용어를 혼용하고 있으나 이때의 수업 목표는 성취기준에 준한다고 볼 수 있고, 목표 도달도는 성취수준에 근거하여 파악할 수 있을 것이다. 따라서 법령상의 평가 목적을 달성하기 위해서는 수업 목표와 성취수준이 사전에 설정될 필요가 있다. 다만, 이때의 성취기준이 교육과정(각론)에서 제시한 것인지, 교사가 재구조화한 것인지의 문제는 여전히 학교와 교사가 해석하고 합의해야 할 문제이다.

둘째, 교사는 가르친 내용과 기준의 범위 안에서, 점수화가 가능한 영역만을, 인지적·정의적 영역을 고르게 평가해야 한다. '가르친 내용과 기준의 범위 안에서' 교사가 중요하게 생각한 부분을 평가할 수 있다. 가르친 내용과 기능이 아니라면 평가할 수 없다. 한편, 교사가 가르치거나 학생들이 활동한 내용과 기능을 모두 평가할 필요는 없다. 이를 포함관계로 표현하면, 수업 활동의 범위 안에 평가 활동이 들어가게 된다. 또한, 교사마다 중요하게 가르친 부분이 다르다면 평가 내용 역시 달라질 수밖에 없다. 이것이 과정중심평가에서 교사별 평가가 가능한 이유이며 교사의 평가 자율권이 발휘될 수 있는 지점이다. 이는 교육과정 문해력을 통해 성취기준을 재구조화할 경우에 누릴 수 있는 권리일 것이다.

셋째, 평가는 수업 중 다양한 방법으로 실시해야 한다. 수업 중 평가를 원칙으로 제시한 것은 평가의 공정성을 확보하기 위함으로 보인다. 학생들의 학습 부담 경감과 공정성 확보를 위해 수업 중 평가를 하는 것은 바람직하다. 그러나 사회참여를 목표로 설정하고 있는 사회과의 예를 들면, 일부 수업에서 수업 후 활동에 대한 평가가 불가피한 경우도 있다. 과제형 평가와 관련하여 2019년까지는 시도교육청 학업성적 관리지침에 권한이 위임되어 있었지만 2020년부터는 교육부 훈령상에서 원천적으로 금지되었다. 어디까지를 과제형 평가로 볼 수 있는가에 대한 교사별 해석이 다양해질 수 있다. 수업 후 학생이 수집한 자료나 활동한 내용은 평가하지 않으면서 그 자료를 활용한 수업 중 활동만 평가하는 것이 말처럼 쉽지는 않을 것이다. 현재 규정의 취지가 실현되도록 하기 위해서는 근본적으로 교사 자신의 평가를 돌아보고, 우리의 학생평가 문화에 근본적인 질문을 해야 할 것이다.

5) 기록

문서명	목차	내용
학교생활기록 작성 및 관리지침 (교육부 훈령)	제 15조 (교과학습 발달상황)	제15조(교과학습 발달상황) ① 교과학습 발달상황의 평가는 별표 9 '교과학습 발달상황 평가 및 관리'에 의거 시행한다. 교사가 작성하되, 지필평가(명칭, 반영 비율 등 명기)와 수행평가(영역, 반영 비율 등 명기)의 점수를 합산하고, 원점수, 과목 평균, 과목 표준편차와 성취도(수강자수)를 산출한다(다만, 체육·음악·미술교과의 과목은 성취도만을 산출). 단, 전산 처리할 경우 전산 입력하여 관리함을 원칙으로 한다. ⑥ 중·고등학교의 '세부능력 및 특기사항' 란에는 특기할 만한 사항이 있는 과목 및 학생에 대하여 과목별 성취기준에 따른 성취수준의 특성 및 학습활동 참여도 등을 문장으로 입력한다. (생략)

　　법령상에서 언급한 교과학습 관련 기록은 주로 지필평가와 수행평가에 대해 명시하고 있다. 이때의 기록은 성적을 표기하는 방법 및 그 내용과 관련된다. 법령상에서는 원점수, 과목 평균, 과목 표준편차, 성취도 등 구체적인 내용을 제시하였기 때문에 해석의 여지가 상대적으로 적다. 다만, 초·중등교육법에서 명시한 '학생 지도'와 교육부 훈령의 '목표 도달도' 확인을 위해 '점수'화된 기록으로 정리하는 것이 교수학습 평가-기록의 왜곡을 발생시키고 있지는 않은지 생각하게끔 한다. 과정중심평가는 학생 지도, 학생 성장을 위한 행위임에도 결과적인 '기록'은 점수로 이뤄지기 때문에 학생 입장에서 평가는 곧 점수를 획득하기 위한 행위에 불과할 수 있다.

　　한편, 교육과정-수업-평가-기록 일체화의 관점에서 '기록'은 학교생활기록부상의 과목별 세부능력 및 특기사항을 의미하는 경우가 많다. 이때, 누구를 대상으로 무엇을 작성할 것인가의 문제가 제기될 수 있다. 법령에서는 '특기할 만한 사항이 있는 과목 및 학생'을 대상으로 할 것을 명시하였다. 그리고 '과목별 성취기준에 따른 성취수준의 특성 및 학습활동 참여도'를 문장으로 작성해야 한다고 하였다. 그러나 '특기할 만한 사항'의 기준이 무엇인가에 따라 작성 대상은 달라진다. 성취수준이 높은 학생을 의미하는 것인지, 특기할 만한 활동을 한 학생을 의미하는 것인지 모호하다. 만약, 세부능력 및 특기사항을 상급학교 진학 목적으로 활용한다면 해당 과목에서 종합적인 성취수준이 높은 학생들이 기록의 대상으로 선정될 가능성이 높다. 이 경우, 특정 영역(단원)에서 특기할 만한 수행을 한 학생들이 기록되지 못하는 문제도 배제할 수 없다.

학생평가의 결과는 학생들에게 중요한 기록이다. 그 기록은 장기간 보관되며 일생의 크고 작은 사안에 영향을 미친다. 법령상에서는 상급학교 진학에 도움이 되는 객관적인 기록을 하도록 명시하고 있다. 교사로서 얼마나 정확하고 풍부하게 기록할 것인가도 중요한 문제이지만, 그 기록에 무엇을 담아야 할지, 수업과 평가 그리고 기록 간의 간극이 발생하지 않기 위해서 무엇을 변화시켜야 할지 고민해 볼 문제이다.

교육과정-수업-평가 자율권

앞서 교육과정-수업-평가-기록과 관련한 법령을 확인하고, 몇 가지 이슈들에 대해 이야기했다. 법령은 교사의 수업과 평가에 직접적인 영향을 미친다. 수업과 평가를 통제하기도 하지만 권리를 보장하기도 한다. 권리 보장 측면에서 살펴보면, 교사의 교육과정-수업-평가권이 어느 정도 확보되어 있음을 확인할 수 있다. 법령의 범위 안에서 '무엇을 중요하게 가르칠 것인가? 어떻게 가르칠 것인가? 가르친 것 중 무엇을, 어떻게 평가할 것인가? 평가 결과를 어떻게 기록할 것인가?'의 문제들은 교사의 자율권이 행사될 수 있는 영역이다.

그럼에도 불구하고, 학교 현실에서는 자율권을 행사하기가 쉽지 않다. 법령에서 보장하고 있는 내용보다는 관행과 평가 문화가 비공식적인 법령처럼 작용하고 있기 때문이다. 오랫동안 이러한 관행과 문화의 영향을 받다 보니 교사에게 주어진 자율권을 행사하는 것이 쉽지 않을 것이다. 지금까지 학교 현장에서는 법령을 가까이 할 이유가 많지 않았다. 교과서 중심 수업과 지필평가 위주의 평가 관행 속에서 교사는 자신의 자율권을 행사할 여지가 적었기 때문이다.

학교 밖(경제, 정치 분야 등)에서는 자신의 이익을 높이기 위해 법령을 가까이 하는 것이 일반적이며 아주 자연스러운 현상이다. 법령의 경계에서 아슬아슬하게 법을 활용하기도 한다. 그러나 교육 분야에서는 법령을 활용한다는 것이 낯설다. 사회적 관행과 인식의 영향으로 법령에서 보장된 권리를 모두 누리지 못한다. 때때로 교사들은 실제적인 피해를 입지 않는 범위 내에서 최소화된 의무를 지키고 있기도 하다.

교사가 학교 밖 사회와 교육과정, 학습자들의 요구를 반영하여 자신의 신념과 철학에 부합한 수업과 평가를 하기 위해서는 관련 법령에 대한 이해와 적극적인 해석이 필요하다. 이제는 법령을 이해·해석·활용해야 할 시기이다. 그리고 적극적 참여자로서 법령의 개선을 요구해야 할 시기이기도 하다.

2

교육과정-수업-평가-기록을
연계한다는 것은?

앞서 교육과정 법령 문해력의 필요성에 대해 살펴봤다. 교육과정과 관련한 법령을 살펴봄으로써 교사의 교육과정 설계권, 수업권, 평가권의 범위를 확인하였다. 동시에 교사로서 해야 할 의무들도 확인할 수 있었다. 권리와 의무 사이의 영역은 상상과 실천의 공간이다. 실제로 법령의 영향을 받는 모든 교사가 이 공간에 입장하고 있지만, 교육과정을 적극적으로 재구성하고자 하는 교사들일수록 이 공간을 더욱 잘 인식할 수 있다.

그렇다면 교육과정 법령의 문해력을 발휘한 후 교육과정 재구성을 어떻게 해야 하는가? 여러 방법과 원칙들이 있겠지만, 최근 강조되고 있는 교육과정-수업-평가-기록의 '일관성, 연계, 일체화'에 대해 먼저 살펴볼 필요가 있다. 가장 많이 사용되고 있는 용어는 단연 '일체화'이다. 따라서 이 책에서도 일체화라는 용어를 주로 사용하고자 한다.

교육과정 일체화와 관련해서는 이미 많은 책들이 출간되었다. 많은 책들이 주로 '교육과정-수업-평가-기록의 일체화'라는 용어를 사용하고 있으나 저자에 따라 분석 관점은 다소 차이가 있다. 이와 관련하여 몇 편의 책 내용을 바탕으로 '교육과정-수업-평가-기록의 일체화'에 대한 개념, 필요성, 방법론 등을 살펴보고자 한다.

교육과정-수업-평가-기록의 일체화란?

'교육과정-수업-평가-기록의 일체화'(이하 '일체화'로 일부 요약하여 표기)의 의미를 이해하는 것은 어렵지 않다. 교육을 유목적적인 행위로 인식할 때, 일체화는 이를 구현하는 방식이 될 수 있기 때문이다.

여기서는 리사 카터(2017)가 정의한 일반적인 의미의 일체화를 살펴본 후 경기도교육청이 제안하는 정책적 관점의 일체화에 대해 알아볼 것이다. 그리고 일체화의 의미에 담겨 있는 핵심 조건들을 살펴보고자 한다.

1) 일체화의 의미

리사 카터가 쓴 책의 서문에는 옮긴이들의 용어 선택에 대한 고민이 담겨 있다. 원문에는 'alignment(정렬, 가지런함)'이라고 나와 있으나 우리말로 번역할 때 어떤 용어를 사용해야 하는가에 대한 고민이다.

사실상 '정렬'이란 단어로 저자의 의도를 어느 정도 이해할 수 있다. 결국, 많은 전문가들의 조언과 옮긴이들의 고민을 통해 결정된 용어는 '일체화'였다.

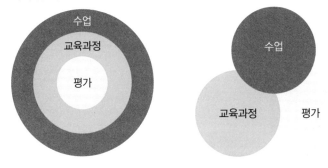

[교육과정-수업-평가-기록의 일체화는 어떤 모습일까?]

'일체 化'는 말 그대로 '한 몸'을 뜻한다. 그렇다면 교육과정, 수업, 평가는 한 몸이 될 수 있는 것인가? 위의 오른쪽은 일체화되지 못한 상황을 나타낸다. 교육과정, 수업, 평가는 부분적으로는 한 몸이지만, 대다수는 각각의 영역을 고수하고 있다. 리사 카터는 일체화된 교육 상황을 왼쪽과 같이 나타내고 있다. 때때로 교사들은 학생들의 이해를 돕고, 흥미를 높이기 위해 교육과정에 나와 있는 것 이상으로 수업을 한다. 그러나 교사들은 반드시 교육과정 중 일부를 평가해야 한다.

일체화를 위해서는 수업과 평가의 연계를 고려하여 교육과정을 구성해야 하는데, 이러한 구성의 주체는 교사이다. 결국 '일체화'란 일치와 연계를 강조한 표현이자 교사의 자율성과 적극성을 통해 달성해야 한다는 선언적 메시지이기도 하다. 즉, 용어 자체에 지나치게 구속되거나 매몰될 필요는 없을 것이다.(국가수준 교육과정의 구속력을 높이기 위한 목적으로 사용되어서는 더더욱 안 될 일이다.)

그렇다면 어떻게 일체화가 가능할 것인가? 리사 카터는 '총체적 수업 일체화Total Instructional Alignment'라고 표현하고 시스템(환경)의 일체화, 성취기준-교육과정-평가의 일체화, 수업 일체화로 설명하고 있다. 일체화를 위해서는 교사의 노력뿐 아니라 학교와 제도의 노력이 필요함을 쉽게 풀어놓고 있다.

한편, 경기도교육청(2016)은 일체화와 관련하여 가장 주도적으로 정책을 추진하였다. 경기도교육청에서는 다음과 같이 일체화의 의미를 설명하고 있다.

"교육과정-수업-평가(기록)의 일체화는 국가수준 교육과정(성취기준)을 재구성하여 수업에 적용하고 이에 근거한 평가를 실시하는 것"

경기도교육청(2016)이 추진한 일체화는 요소들 간의 일반적이고 기계적인 연계를 넘어 교육과정-수업-평가(기록), 각 영역의 지향점이 반영되어 있다(이원재 외, 2016). 각각의 지향점은 '국가 수준의 문서화된 교육과정을 교사가 다시 재구성한 교육과정', '배움 중심의 철학과 가치가 반영된 학생 중심 수업', '학생의 전인적 성장을 돕는 과정중심평가'이다. 개별 연구자들은 이러한 지향점을 반영하여 일체화의 의미를 정의하고 있다. 이처럼, 일체화는 단순히 교육의 본질을 회복하자는 논리를 넘어 교육혁신정책으로서 기능하고 있는 상황이다.

연구자	정의
박승철 외(2015)	교사가 재구성한 교육과정을 기반으로 배움 중심의 철학과 가치를 반영한 학생 중심의 수업과 과정 중심의 평가를 통해 학생의 전인적 성장을 돕는 일련의 과정
김덕년(2017)	성취기준을 중심으로 교과 교육과정을 재구성하여, 그것만을 중심으로 학생 중심 수업을 실천하고, 수업 활동 과정을 관찰하여 평가하며 그 평가 과정을 기록하고 그것이 자연스럽게 진학 자료나 피드백 자료로 사용되는 것
이명섭(2017)	학생의 성장을 목표로 교과 교육과정을 성취기준 중심으로 재구성하여 학생 참여 중심을 실천하고 수업 활동 과정을 관찰하여 평가하고, 그 평가 과정을 구체적이고 맥락적으로 기록하는 것

[연구자별 '일체화'의 정의]

2) 일체화의 조건

의미를 살펴봤을 때, 일체화는 생각보다 간단하지 않음을 알 수 있다. 교사는 교육의 당연 원칙으로서의 일체화를 넘어 일체화해야 할 각 요소의 지향점을 반영해야 하기 때문이다. 이 지점에서 현장의 혼란과 어려움이 발생한다. 현장의 일체화 적용 모습은 교육의 당연 원칙으로서의 일체화부터, 지향점이 반영된 일체화까지의 단계 등으로 나타날 수 있다. 우리가 유의해야 할 것은 교육과정-수업-평가-기록의 각 요소들 안에 앞에서 언급한 지향점이 반영되어 있으나 리사 카터가 언급한 포함관계(수업)교육과정)평가)가 나타나지 않는 모습이다. 이러한 모습은 각각을 좋은 교육과정, 좋은 수업, 좋은 평가라고 말할 수 있지만 일체화라고 하기는 어렵다.

따라서 일체화는 몇 가지 조건이 충족되어야 한다. 교육과정-수업-평가-기록의 일체화 수준을 측정하는 도구에서도 일체화의 조건을 추출할 수 있으나 여기서는 핵심적인 조건들만 논의하고자 한다.

첫째, 수업의 목표가 있어야 한다. 목표는 곧 일체화의 중심축이 된다. 목표가 없다면 수업과 평가(기록)를 설계할 기준이 없는 것이며 일체화 논의가 무의미해진다. 여기서 말하는 목표는 국가수준 교육과정의 성취기준이거나 교사가 재구성한 성취기준 혹은 학습목표가 될 것이다.

둘째, 평가가 학생의 목표 도달 정도를 판단할 수 있도록 설계되어야 한다. 목표는 시작이고, 평가는 과정과 마무리에 해당한다. 최근에는 평가가 곧 수업이 되어야 함을 강조하고 있다.

셋째, 수업의 범위가 평가를 포괄해야 한다. 만약, 이러한 포함관계가 성립하지 않는다면, 학생들이 배우거나 활동하지 않은 것을 교사가 평가하는 경우에 해당할 수 있다. 다양한 활동을 하더라도 평가하고자 하는 내용을 수업에서 다뤄야 한다. 따라서 평가 과제와 수업 활동 설계는 연결(혹은 일치)되어야 한다.

3) 일체화의 관점으로 분석한 수업 사례

사회 교사 E는 다음과 같이 '개인과 사회' 단원을 설계하였다. 국가수준 교육과정에서 제시한 성취기준 9사(일사)01-01과 9사(일사)01-02를 재구성하여 교사의 통합 성취기준 9사(일사)통-01로 통합하였다.

관련 단원	성취기준 (통합 성취기준)	이해 활동 (기억/이해)	토론 활동 (분석/응용) 의사소통	적용 활동 (평가/창조)
7-1 7-2	9사(일사)01-01 사회화의 의미와 과정을 이해하고, 사회화 과정에서 청소년기에 나타나는 특징을 설명한다. 9사(일사)01-02 사회적 지위와 역할의 의미를 이해하고, 역할갈등의 특징을 사례를 통해 분석한다. 9사(일사)통-01 사회화의 의미와 과정, 사회적 지위와 역할의 의미를 이해하고, 특정 현상에 대한 자신의 견해를 설명하며 자신의 사회화 과정을 분석한다.	1.사회화란 무엇인가? -남성다움과 여성다움은 타고나는 것일까? 배우는 것일까? 2.사회화 과정은 어떻게 진행되는가? -현재 나에게 가장 큰 영향을 미치는 사회화 기관은 무엇일까? 3.사회적 지위와 역할은 무엇인가? -내가 속해 있는 지위와 역할은? 4.역할갈등은 무엇인가? -역할갈등이 발생한 원인은?	* 반장의 책임감이냐, 친구와의 우정이냐?(대) * 역할갈등 상담(짝) -자신의 역할갈등 사례 -친구의 역할갈등 상담	[분석] *'나'탐구보고서: '나'는 어떻게 내가 되었나? -나는 누구인가? -무엇이 나를 이렇게 만들었나?

[교사 E의 사회 교육과정 설계표(요약)]

국가수준 교육과정에서 제시한 성취기준 9사(일사)01-03은 다른 단원과 통합하기 위해 7단원에서 제외되었다. 교사는 교육과정 내용체계표 상에 제시되어 있는 중학교 내용 요소(사회화, 사회적 지위와 역할, 역할갈등)를 포함하여 성취기준을 작성하였고, 기능도 교육과정 내용체계표를 참고하여 수정했다. 청소년기에 나타나는 특징은 타교과에서도 다루는 내용이고, 내용체계표상의 내용 요소가 아니므로 교사가 중요하다고 판단한 청소년기의 자아 정체성을 성취기준에 포함하였다. 통합 성취기준으로 교육과정을 재구성한 것은 일체화를 실천하고자 한 모습이다.

　통합 성취기준에 따라 교사는 학생들이 학습해야 할 내용 요소를 질문 형태로 바꾸어 이해 활동에서 다루었다. 통합 성취기준 중 '청소년으로서의 자아 정체성을 사회화와 관련하여 분석한다'는 토론 활동과 적용 활동에서 다루었다. 토론 활동에서는 학교 규정이 자신의 사회화에 어떤 영향을 미치는지에 대해 논의하였다. 그리고 적용 활동에서는 학교뿐만 아니라 일상생활에서 자신의 사회화에 영향을 미치고 있는 것들을 발견하고, 부정적인 영향을 미치는 것들에 대한 개선안을 제안하도록 하였다.

　평가는 이해-토론-적용 활동에서 모두 진행되었다. 학생들은 이해 활동 시 자기평가를 한 후 단원 종료 시 최종 서술형 평가를 하였다. 자기평가 문항과 최종 서술형 평가 문항은 거의 유사했다. 이해 활동에서는 단원의 핵심 내용 요소를 이해하고 있는지를 평가하였다. 다음으로 토론 활동은 주제에 대한 학생들의 생각, 관련 근거, 동료와의 토론 내용, 최종적인 입장 등이 포함된 토론 과정 기록으로 평가하였다. 학생들은 학습 내용 관련성, 추가적인 자료 제시 등을 기준으로 평가받았다. 마지막으로 적용 활동은 학습하고 토론한 내용을 문제상황에 적용하고 있는지를 평가하였다. 학습 내용 관련성이 주요한 평가 요소이다.

　앞서 제시한 내용체계표는 크게 두 가지 특징이 있다. 첫 번째는 통합 성취기준으로 교육과정을 재구성했다는 점이고, 두 번째는 통합 성취기준을 달성하기 위한 활동으로 이해-토론-적용이 모든 단원에 적용된다는 점이다. 이것은 이해-토론-적용 활동을 반복적으로 수행함으로써 학생의 역량과 기능을 신장시키기 위한 교사의 의도가 반영된 것이다. 각각의 활동을 놓고 보면 크게 문제가 없는 것처럼 보인다. 앞에서 살펴본 일체화의 조건을 어느 정도 충족시키고 있다. 첫째, 목표가 존재하고, 둘째, 목표와 관련한 평가를 설계하고 있으며 셋째, 수업이 평가와 일치하거나 포함하는 구조이다.

그러나 일체화의 관점을 세밀하게 적용해 보면 몇 가지 이슈를 발견할 수 있다. 첫째, 목표(성취기준)에 타당한 평가 과제를 어떻게 설계할 것인가의 문제이다. 교육과정을 재구성했다고 하더라도 일체화의 관점을 적용하기 위해서는 성취기준(목표)에 타당한 평가 과제를 설계해야 한다. 예를 들어, 성취기준의 '~를 이해하고, ~ 분석한다'의 경우, 이해 활동, 토론 활동, 적용 활동의 과제들이 이해와 분석을 적절히 평가하고 있는지에 대한 검토가 필요하다.

둘째, 성취기준상의 목표와 교과 역량을 어떻게 통합하고 평가할 것인가의 문제이다. 사회과 교육과정은 교과 역량으로 창의적 사고력, 비판적 사고력, 문제해결력 및 의사결정력, 의사소통 및 협업 능력, 정보활용 능력을 제시하고 있다. 일부 역량은 성취기준상에 명확하게 드러나고 있지만, 대부분의 역량은 잘 드러나지 않는다. 교사는 다음 그림과 같이 토론 활동에서 의사결정력을, 적용 활동에서 문제해결력(대안 제시)과 정보활용 능력을 평가하였다. 토론 활동과 적용 활동이 전체 단원에서 이뤄지므로 역량 평가는 반복적으로 이뤄지는 셈이다. 그러나 성취기준에 이러한 역량이 구체적으로 표현되어 있지는 않다. 그렇다면 성취기준 재구조화 시에는 평가하고자 하는 역량을 통합하여 기술해야 할 것인가에 대한 고민이 필요하다.

[수업] 〉 = [교육과정]

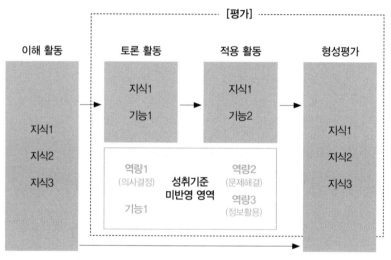

[일체화의 관점에서 E교사의 교육과정-수업-평가 구조 분석]

셋째, '일체화'의 정도가 상대적으로 높아서 교사와 학생의 부담이 발생할 수 있다. 이것은 '성취기준=수업=평가'가 한 몸처럼 움직여야 하기 때문에 발생하는 수업의 경직성 내지는 유연성 결여와 관련이 있다. 일체화 정도가 높아도 좋은 설계가 아닐 수 있다. 통합 성취기준에 담은 모든 요소들을 수업과 평가에 반영하다 보면 교사와 학생 모두에게 여유가 생기지 않는다. 물론, 교육과정을 재구성하더라도 성취기준상의 내용 요소가 많다 보니, 이를 줄이는 것이 쉽지는 않다. 법령에서도 교과별 성취기준이 고르게 평가되기를 권장하고 있다. 일체화의 정도가 높은 수업과 평가가 과정중심평가 맥락에서 좋은 사례로 등장할 수는 있으나, 교사의 수업과 평가 장면에서는 딜레마로 작용하게 된다.

다시, '왜 우리는 지금' 일체화를 얘기하는가?

앞에서 일체화는 교육의 당연 원칙이라고 설명하였다. 모두가 이에 동의한다면 '왜 필요한가'에 대한 답이 불필요할 것이다. 교육의 목적과 일체화가 거의 한 몸처럼 움직인다면 그 둘의 결합을 정당화할 필요가 없기 때문이다. 교육은 목표에 따라 수행되는 인위적인 행위이며, 이때의 인위적인 행위는 수업과 평가, 그리고 기록으로 나타난다. 교육이 잘 이루어졌는지를 규명하는 것이 평가이고 그 결과를 축적하는 것이 기록이라고 본다면, 목표-수업-평가-기록의 연계는 교육이 구현되고 있는 구체적인 장면이 된다.

따라서 일체화의 필요성에 대한 논의는 크게 의미가 없다. 다만, 여기서 주목해야 할 것은 '왜, 우리가 지금' 일체화를 얘기하는가이다. 일체화는 당연한 원칙인데, 그것을 왜 정책적으로 강조하는지에 주목할 필요가 있다. 이와 관련해서 이형빈(2015)의 주장을 중심으로 살펴보자.

1) 분리와 통제의 코드

이형빈은 학교교육의 현재 모습을 번스타인이 명명한 '분리'와 '통제'를 사용하여 비판함과 동시에 통합과 소통의 학교교육을 제안하고 있다.

삶과 분리, 교과 간 분리, 학생과 교사 간 분리, 학생과 학생 간 분리, 교육과정-수업-평가 간의 분리는 미래교육을 논하는 현재의 학교교육에 작동하고 있는 코드들이다. 엄격한 규칙과 표준화는 인간적인 만남을 둘러싼 통제의 코드로 작동하고 있다. 이는 우리가 직면하고 있는 현실이자 부끄러운 민낯이기도 하다.

> "…이와 같은 약한 분리 및 통제의 코드는 사회학적으로 볼 때 '통합과 소통'의 교실 질서를 형성한다. 약한 분리를 지닌 교육과정은 지식 위주의 분절적 교육과정을 넘어 학생의 삶이나 당대 사회적 현실과 연관된 통합적 교육과정의 모습을 지니게 된다. 약한 통제를 지닌 수업은 학생의 참여를 보장하며, 약한 분리를 지닌 수업은 학생 간 협력을 촉진한다. 또한 약한 분리를 지닌 평가는 학생들을 서열화하지 않고 학생의 성장과 발달을 지향하며, 약한 통제를 지닌 평가는 학생들의 활동이 중심이 된 수업 과정과 자연스럽게 연계되면서 다양한 견해를 보장하게 된다."
>
> – 《교육과정-수업-평가 어떻게 혁신할 것인가》(이형빈, 2018) 중

이형빈은 교육과정-수업-평가가 각각의 활동에서 어떻게 분리되고 있는지를 말한다. 예를 들어, 협력학습을 지향하고 있으나 실제 협력이 잘 이루어지지 않는 이유를 수업 설계 요소들 간의 '분리'로 설명한다. 협력에 적절하지 않은 과제, 협력을 위장한 역할 분담, 개인학습을 배제한 협력학습 등 평가의 철학에 대한 고민 없이 평가 방법에만 몰두하는 교사들의 수업 실태 역시 분리의 원인으로 지적하고 있다.

자신의 평가에 대해 스스로 질문을 던져 보자.

'누구에게 유리한가?', '누가 소외되는가?'

2) 영역별 주체의 이해관계

이형빈이 지적한 학교 사회의 분리와 통제의 코드를 일체화에 적용하여 한걸음 더 들어가 살펴보자. 교육과정-수업-평가-기록은 왜 분리되는가? 또한 통합되지 못하는 이유는 무엇인가? 일체화가 교육의 당연 원칙이라 해도 현실에서는 한 명의 교사가 해결하기 힘든 어려움도 존재할 것이다. 교육과정-수업-평가-기록, 모든 영역에 대한 설계·실행·평가 주체가 한 명이라면 분리를 인지하고 요소들을 통합하는 것이 상대적으로 쉽다. 문제를 인식하는 주체, 문제를 개선하는 주체, 문제를 평가하는 주체가 단일화되어 있기 때문이다.

그러나 일체화 각 영역의 주체는 사실상 단일화되어 있지 않다. 이상이 아닌 현실을 들여다보면 각 영역별 주체가 엄연히 존재한다. 우선, 지금까지 교육과정의 주체는 국가였다. 앞에서 살펴봤듯이 우리 법령에서는 교육과정의 기본적인 사항을 교육부 장관이 정하도록 하였다. 국가는 수년에 한 번씩 국가수준 교육과정을 편성하고 일선 학교가 이를 따르도록 안내하고 지원한다. 교사들이 국가수준 교육과정을 준수하든 하지 않든 간에, 교육과정을 수립하는 것은 국가의 영역임을 인정하고 있다.

다음으로 수업은 상대적으로 개별 교사의 자율권이 확보되는 영역이다. 교육과정이 제시한 내용들(필수 내용 요소)을 따르는 수준에서 교사가 국가의 영역을 인정한다면, 수업은 교사의 신념, 선호 등이 반영된 영역이 된다. 즉, 교사의 특성에 따라 수업 활동이 일어날 수 있는 구조이다. 어쩌면 교사의 자율권이 수업의 영역 안에서 어느 정도는 확보된다고 할 수 있다.

한편, 평가는 수업에 비해 학교 및 지역사회 차원의 맥락이 반영되는 영역이다. 물론, 평가 계획의 수립 주체는 교사와 교과협의회가 될수 있으나 현재의 학교는 개별 교사의 서술형 평가, 수행평가 비율을 정하는 데 일부 관여한다. 또한, 객관성과 신뢰성 혹은 타당성 등의 요소 중 무엇인가가 학교 상황에 따라 상대적으로 강조될 수 있다. 평가와 관련된 민원이 많은 학교라면 더욱 객관화된 평가에 초점을 맞출것이다. 학급당 인원수가 많은 학교의 경우에도 소위 과정중심평가, 수행평가의 비율을 높이기는 어렵다. 물론, 개별 교과 혹은 교사에 따라 학교의 중점 사항을 소홀히 하거나 그것에서 벗어날 수 있다. 그러나 동료 교사가 아닌 학교의 문화적 맥락들이 작용한 경우, 개별 교사는 학교가 중요하게 생각하는 평가 중점 사항을 지킬 수밖에 없다. 교사가 다양한 수업 방법을 적용하더라도 학교에 작용하고 있는 평가 문화 앞에서는 의미가 퇴색될 수 있다.

지금까지 우리의 학교교육은 지극히 공급자 중심 관점에서 교육과정-수업-평가-기록이 이뤄져 왔다. 학생들의 관점에서는 교육과정-수업-평가-기록이 이미 일체화되어 있지만, 공급자 관점에서는 각각의 영역에 영향을 미치는 맥락과 주체가 분리되어 있었다. 교육과정을 편성하는 것도 공급자, 수업을 하는 것도 공급자, 평가 행위를 하는 것도 공급자이기 때문에 공급자들 간의 소통과 합의가 없다면 영역 간의 통합은 불가능하다. 즉, 교육과정-수업-평가-기록 간 분리의 코드는 주체들의 암묵적 이해관계와 소통의 부재 속에서 고착화된 것이다.

[현실 속 교육과정-수업-평가-기록의 분리]

일체화, '어떻게' 해야 할까?

1) 관점과 주체의 변화

앞에서 살펴본 문제의식(상황)에 기초할 때, 일체화 방법론 탐색에 앞서 관점과 주체의 변화가 필요하다. 우선, 교육을 바라보는 관점의 변화가 필요하다. 공급자로서의 국가, 학교, 교사의 관점에서만 교육이 이뤄져서는 안 된다. 공급자 관점에서 교육과정-수업-평가-기록은 독자적인 영역을 구축하고 있다. 그러나 학생 입장에서는 그저 학습일 뿐이다. 따라서 학습자의 관점에서는 일체화가 당연한 것이다.

최근, 일체화가 이슈가 된 것은 공급자 중심 교육에서 학습자 중심 교육으로 관점의 변화가 어느 정도 확산되었기 때문이다.

다음으로 일체화의 주체를 단일화할 필요가 있다. 누가 교육과정을 설계하고, 수업하고, 평가하는가? 국가가 교육과정을 설계하고, 교사가 수업을 하고, 학교·학부모·지역사회가 원하는 평가를 하는가? 물론, 일체화의 주체가 국가 혹은 학교가 될 수도 있다. 국가수준 교육과정 그대로 수업과 평가를 할 경우나, 학교와 지역사회가 요구하는 교육과정을 편성하고 그대로 수업과 평가를 하는 경우가 그렇다. 이 두가지 경우를 구현하는 것이 쉬운 일은 아니지만 교사 입장에서는 생명력 없는 수업으로 느껴질 수 있다. 따라서 교사가 교육과정 일체화의 주체가 되어야 한다. 주체가 되기 위해서는 국가수준 교육과정을 자신의 신념과 철학뿐만 아니라 다양한 요구를 반영하여 재구성해야 한다. 그래야 국가 영역의 교육과정이 교사의 영역으로 전환되거나 공동의 영역이 될 수 있다. 최근, 교사들에게 일체화를 요구하는 것은 국가수준 교육과정을 그대로 적용하고 수업과 평가만 변화시키라는 의미는 아닐 것이다. 진정한 교육과정 일체화가 이뤄지기 위해서는 교사가 주체가 되어 교육과정-수업-평가-기록을 설계하고 관리해야 한다.

2) 교육과정 개발 및 교수체제 설계 모형 참고

우리가 이미 잘 알고 있는 교육과정 개발 모형에는 일체화의 의미가 포함되어 있다. 몇 가지 교육과정 개발 모형들을 살펴보자.

타일러(1949)의 합리적 교육과정 개발 모형은 가장 대표적인 모형

중 하나이다. 이 모형은 산업화 시기에 효율적이고 효과적인 교육과정
을 통해 목표에 적합한 산업인력을 배출하기 위해 만들어졌다. 타일러
의 모형이 출현한 시기와 현재 사이에는 전혀 다른 맥락들이 작용하
고 있다. 그러나 여전히 타일러의 모형은 교육과정-수업-평가 설계에
많은 영향을 미치고 있다.

　일체화의 논리는 타일러의 모형과 유사하다. 아래 그림을 살펴보면
교육과정상의 목표(구체적 목표)-내용과 방법(학습경험 선정과 조직)-평가
(학습성과 평가)의 흐름에서 그 유사성을 발견할 수 있다. 물론, 일체화가
과정중심평가를 강조하는 데 비해 타일러의 평가는 총괄평가를 강조
하는 등의 차이점이 있다.

[타일러의 합리적 교육과정 개발 모형]

　ADDIE 모형은 교육과정뿐만 아니라 각종 프로그램 설계(개발)에도
활용될 수 있다. ADDIE 모형에서는 목표를 도출하기 전에 다양한 요
소들을 분석하는 절차, 개발과 실행하는 절차를 보다 구체화했다. 그
러나 일체화의 관점에서 보면, 목표 명세화와 평가도구 설계 그리고
교수전략 선정이 설계 단계에서 동시에 이루어짐을 알 수 있다. 타일
러의 모형에서는 이들의 관계를 선형적으로, ADDIE 모형에서는 병
렬적으로 표현했으나 두 모형 모두 목표-수업-평가의 연계를 강조한
것으로 해석할 수 있다. ADDIE 모형을 구체화한 Dick & Carey 모형

에서는 목표와 평가를 연계하기 위한 노력이 두드러진다.

[ADDIE 모형(교수체제 설계 과정)]

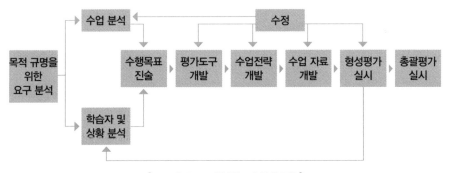

[Dick & Carey 체계적 교수설계 모형]

　위긴스와 멕타이(1998)는《설계를 통한 이해》라는 책을 통해 백워드
설계를 소개하였다. 그들이 설명한 백워드 설계는 학습단원을 계획하
기 위한 구체적인 과정이다. 그리고 수업의 최종 결과가 무엇이 되기
를 원하는지를 결정하는 것에서 시작하여, 어떻게 여기에 도달할지를
백워드로 계획하는 것이다. 이것은 기존의 교육과정학과 교육공학 분
야에서 사용하고 있던 모형들을 토대로 개발되었고, 다양한 학교 적용

사례를 만들어 냈다.

위긴스와 멕타이(2005)는 백워드 설계를 하기 위한 템플릿을 제공하였는데, 여기에는 핵심적인 3단계 절차가 포함되어 있다.

바라는 결과 확인하기	▶	수용 가능한 증거 결정하기	▶	학습경험과 수업 계획하기

백워드 설계를 일체화의 관점에서만 논의해 보면, 첫 번째 단계의 '바라는 결과'는 일종의 목표가 되고, 두 번째 단계의 '수용 가능한 증거'는 평가가 된다. 그리고 마지막 단계에서 학습활동을 구체적으로 계획하게 된다. 분명한 목표를 강조한다는 점에서는 타일러의 모형과 유사하고, 평가가 학습활동보다 먼저 설계된다는 측면에서 Dick & Carey 모형과 유사하다. 다만, 위긴스와 멕타이(2005)의 백워드 설계가 한국 교육계에 전파된 이유는 수업 설계를 위한 템플릿이 일체화를 실천에 이르게 하는 도구로 사용될 수 있기 때문이다. 즉, 이론만 강조한 것이 아니라 실행 방안을 제시한 것이다.

그러나 백워드 설계가 결코 쉬운 과정은 아니다. 우선, 백워드 설계에서 강조하는 용어에 대한 이해가 쉽지 않다(예를 들면, 영속적 이해, 본질적인 질문 등). 또한, 하위 단계가 세분화되어 있어서 템플릿상의 내용을 구성하는 것이 쉽지 않다. 무엇보다 교육과정 기반 템플릿이 아니기 때문에 단원별로 설계도를 구성하기 어렵다. 단원별, 차시별로 구체화된 설계안을 작성하는 것은 교사의 몫이라고 하더라도 교육과정 일체화의 기준이 될 수 있는 학기 수준 설계도를 개발할 필요가 있다.

백워드 설계 템플릿

(* 출처 : 강현석 외, 《이해중심 교육과정을 위한 백워드 설계의 이론과 실천》)

단원학습 계획	
주제	학년
단원학습 기간	

1단계 : 바라는 결과 확인하기

학생이 무엇을 알고, 이해하고, 할 수 있어야 하는가? 무엇이 이해할 만한 것인가? 무엇이 바라는 영속적 이해인가?

내용 성취기준:
당신이 가르치려는 주제나 과목에 대한 국가, 주, 지역 수준의 성취기준은 무엇인가?

주요 아이디어 혹은 영속적 이해:	본질적 질문 혹은 유도 질문:
주제에 대한 주요 아이디어나 조직원리를 열거하라. 끊임없이 관련될 보편적 개념은 무엇인가?	학생의 탐구를 안내할 대단히 중요한 질문을 3~5가지 열거하라. 학생이 시간이 지나도 지식을 효과적으로 사용하도록 도울 질문들은 무엇인가?
구체적 이해:	가능한 오해:
학생을 학습단원의 주요 아이디어나 본질적 목표로 이끌 구체적 이해를 열거하라.	학습을 방해할 수 있는 가능한 오해를 열거하라.

학생 목표:
당신이 평가할 수 있도록 설정한 목표와 관련하여 관찰 가능하고 측정 가능한 결과를 열거하라.

학습목표-지식 활성화:	학습목표-가능하게 하는 기능:
학생이 단원의 주요 아이디어를 중심으로 개념적 틀을 형성하도록 도울 사실, 개념, 원리들을 열거하라.	학생이 효과적으로 수행하기 위해 사용할 수 있어야 할 절차, 전략, 방법을 열거하라.

최종적 활동:
학생이 효과적으로 수행하기 위해 사용할 수 있어야 할 절차, 전략, 방법을 열거하라.

2단계 : 수용 가능한 증거 결정하기

학습목표:	평가 증거:

3단계 : 학습경험과 수업 계획하기

활동:	선행되어야 할 기능:
자료:	차별화:

3) 현실적인 일체화 설계도: 내용체계표의 변형

① 일반화된 지식	②-1 내용 요소	②-2 기능	관련 단원	③ 성취기준 (재구조화)	④ 평가: 과제 내용	⑤ 수업활동	⑥ 학습자원 & 기타

[일체화 설계표]

앞에서 살펴본 각종 모형과 사례를 종합할 때, 단순화된 교육과정 일체화 설계도는 위의 표와 같다. 교육과정 총론에서는 일반화된 지식을 중심으로 심층적 이해가 가능한 수업을 설계하도록 하고 있다. 또한, 성취기준을 재구성할 때, 내용 요소는 임의로 삭제하지 않기를 권장하고 있다. 따라서 교사는 일반화된 지식(①)을 중심에 놓고, 내용 요소(②-1)와 기능(②-2)을 반영하여 성취기준을 재구조화(③)한다. 그리고 성취기준 도달도를 확인할 수 있는 평가(④)를 설계한 후 구체적인 수업활동(⑤)을 계획한다. 보다 상세한 평가 계획과 수업계획을 교사가 작성해야겠지만 교육과정 설계도는 적어도 목표-수업-평가를 일치시키는 데 도움이 되는 도구가 될 것이다.

낯섦, 어벤져스 그리고 수업 철학

지금까지 일체화에 대해 살펴보았다. 우리는 왜, 무엇을, 어떻게 해야 하는가에 대해 묻고, 생각하고, 적용했다. 일체화가 곧 좋은 교육과정, 좋은 수업, 좋은 평가가 되는 것은 아니다. 그러나 좋은 교육과정, 좋은 수업, 좋은 평가의 한 요소임에는 분명하다. 일체화는 여전히 분리의 코드가 작용하고 있는 학교 현실에서 통합과 조화를 만들어 가고자 하는 혁신적 노력이다. 분리의 코드가 오랜 시간 동안 이미 몸과 마음에 작용하고 있기 때문에 변화를 시도하는 것이 생각처럼 쉬운 일은 아닐 것이다. 그러나 학교 안팎에서 수업과 평가 개선의 움직임이 일어나고 있는 지금, 익숙함 대신 낯섦을 선택해야 할 시기는 아닐까? 충분히 도전해 볼 낯섦이다. 그러한 낯섦이 언젠가 익숙함이 되기 위해 우리는 교육과정-수업-평가-기록을 진솔하게 성찰하고, 동료들과 함께 고민하며 실천해야 할 것이다. 이러한 고민과 실천을 앞서서 한 천정은(2017)의 《당신의 교육과정-수업-평가를 응원합니다》는 우리에게 잔잔한 감동을 준다.

일체화에 관한 책들이 처음부터 각 요소들 간의 관계를 보기 위한 것이었는지는 모르겠다. 집필 계획과 의도가 무엇이었든 간에 한국 교육의 현실을 드러내고 자신 혹은 타자의 실천을 보여 주고 있다는 것은 공통되는 점이다. 천정은은 실천에 기반하여 자신의 경험을 이야기하고 있다.

천정은과 같은 실천을 아무나 할 수 있는 것은 아니다. 그러나 천정은의 이야기에는 '아~ 그렇지!' 하게 만드는 진솔한 고민과 당찬 행동들이 담겨 있다. 혼자의 이야기만을 엮은 것도 아니다. 그는 자신에게 배움을 안겨 주거나 실천에 함께한 동료들의 이야기도 전하고 있다. 슈퍼맨 교사 한 명의 실천이 아닌 어벤져스와도 같은 공동체의 실천을 강조한다. 특히, 함께하는 수업 연구는 우리에게 잘 알려지지 않은 '교육과정-수업-평가 일체화' 전략이 아닐까 한다. 일종의 공동체 전략인 것이다. 혼자서는 하지 못할 일체화를 동료와 함께 각자의 시각에서 혹은 교과의 시각에서 바라보며 교사 자신과 학생들을 성장시키는 이야기를 많은 부분 서술하고 있다.

여전히 일체화를 만들어 내는 방법은 모호하다. 우리가 추구하는 이상에 비해 그 방법이 명확하지는 않다. 그나마 천정은의 책은 생생한 실천을 통해 그 모호함을 풀어 보게 한다. 교사가 자신만의 교육과정을 어떻게 계획하는지, 교육과정을 수업으로 어떻게 실천하는지, 교육과정과 수업한 것을 평가에 어떻게 반영하는지 등을 천정은은 솔직하게 자신의 실천으로 이야기하고 있다.

'지금 이 수업을 내 교실의 학생들이 10년쯤 받으면
어떤 태도와 어떤 역량이 길러질까?'

3

과정중심평가,
어떤 관점으로 바라보는가?

학생평가의 개선은 교사들의
오래된 숙제였다. 이미 학교 현장
에서는 평가의 본질에 대해 고민
하고 적절한 방법론을 적용해 왔
다. 그런데 최근 정부와 교육연구
기관 등의 평가혁신정책으로 인
해 학교 현장은 평가에 보다 많
은 관심을 갖게 되었다. 그중 가
장 대표적인 키워드가 '과정중심
평가'일 것이다. 앞서 법령에서
살펴봤듯이 평가의 목적이 학생

[서울시교육청의 과정중심평가 특징]

진학뿐만 아니라 학생 지도를 통한 성장에 있다면 평가의 초점을 학생의 성장 과정에 맞춰야 한다. 그러나 오랫동안 우리의 평가는 줄 세우기의 경쟁 중심 평가, 객관성과 신뢰성 중심의 평가에 초점이 맞춰져 왔다. 기존의 평가 관행은 효율적이고 신뢰성 있는 학생 진학을 위한 목적으로 만들어졌다고 해도 과언이 아니다. 따라서 과정중심평가 정책은 일견 반가운 측면이 많다.

2015 개정 교육과정에서는 학교 교육과정을 편성할 때, '학습의 결과뿐만 아니라 학습의 과정을 평가하여 모든 학생이 교육목표에 성공적으로 도달할 수 있도록 한다.'로 명시하였다. 일부 시도교육청도 혁신미래교육과정을 구성하는 요소로서 평가혁신을 언급하고 있다. 평가혁신의 핵심은 과정중심평가로서, 그 특징은 58쪽의 그림과 같다.

교육부 정책으로부터 시작된 '과정중심평가'라는 용어는 이미 모든 학교에 확산되었다. 그러나 '무엇을, 어떻게 해야 하는가? 할 수 있는가?'에 대한 논의는 여전히 지속되고 있다. 정책적 개념의 확산 이후, 수많은 연구자들이 현장의 인식과 사례, 그리고 방법론을 내놓고 있는 상황이다. 이러한 상황에서 우리에게 필요한 것은 과정중심평가에 대한 관점을 형성하는 것이다. 과정중심평가 실천의 원동력은 개별 교사가 형성한 관점이 될 것이다. 따라서 과정중심평가와 관련한 다양한 논의를 종합해 보고 핵심적인 요소를 함께 살펴보고자 한다. 그리고 몇 가지 사례들에 대해 비판적으로 검토해 볼 것이다.

'과정중심평가'란?

1) 과정중심평가의 의미

과정중심평가의 개념은 학문적으로 합의되어 있지 않으나(신혜진 외, 2017; 이경화 외, 2016; 임종헌, 최원석, 2018) 정책적인 지향점은 분명히 현장에 전파되어 있는 상황이다. 교육부와 한국교육과정평가원(2017)이 제시하고 있는 과정중심평가는 다음과 같다.

> "교육과정의 성취기준에 기반한 평가 계획에 따라
> 교수·학습 과정에서 학생의 변화와 성장에 대한 자료를
> 다각도로 수집하여 적절한 피드백을 제공하는 평가"

과정중심평가의 특징은 크게 세 가지이다. ① 성취기준 기반 ② 교수학습 과정에서 학생 활동자료를 다각도로 수집 ③ 적절한 피드백을 제공. 이 세 가지 특징은 과정중심평가에서 평가자가 해야 할 행위를 명시하고 있다. 과정중심평가가 무엇이다라는 답을 내리기보다는 과정중심평가는 이렇게 해야 하는 것이라는 원칙이 강조되고 있는 것이다.

유사 개념과의 관계

과정중심평가의 개념은 유사 개념과의 구분을 통해 명확해질 수 있다. 실제로, 과정중심평가는 자체적인 개념을 명확하게 한 후 출발한 개념이라기보다는 다른 개념과의 비교를 통해 그 의미를 추론하고 있

는 상황이다.

과정중심평가와 결과중심평가 : 과정은 무엇인가?

　과정중심평가의 반대 개념을 굳이 설명하자면 '결과중심평가'가 될 것이다. 과정중심평가의 개념을 이해하기는 어렵지만 결과중심평가는 상대적으로 이해하기가 쉽다. 지금까지의 평가가 대체로 결과중심평가(결과만을 평가)였기 때문이다. 예를 들면, 수업을 장기간 진행한 후 보는 중간고사, 기말고사 혹은 학기말 과제물에 의한 수행평가가 기존의 결과중심평가에 해당한다. 결과중심평가도 필요에 따라서는 활용되어야 하는 평가 방식이다. 그러나 그동안 결과중심평가에 초점을 맞춰온 교육계의 반성과 이에 대한 대안으로서 과정중심평가가 출현했음은 분명하다.

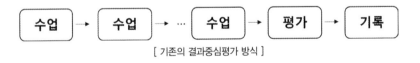

[기존의 결과중심평가 방식]

　과정중심평가를 몇 가지 유형으로 구분해 보자. 구체적인 평가 방법과 연결할 때 과정중심평가와 결과중심평가는 다음과 같이 정리할 수 있다.

　현재, 평가 방법은 크게 수행평가와 지필평가로 구분되므로 이를 과정중심평가와 결과중심평가로 구분하면 '과정중심 수행평가, 과정중심

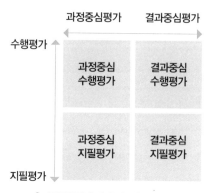

[과정중심평가 개념 영역 (임종헌, 최원석, 2018)]

지필평가, 결과중심 수행평가, 결과중심 지필평가'로 4가지 평가 방식이 나타난다. 이러한 구분은 협의의 과정중심평가에 해당한다. 반대로광의의 과정중심평가는 아래와 같이 결과중심평가를 포함하는 개념으로 이해하는 경우도 있다. 이때의 과정중심평가는 결과를 평가하더라도 결과에 이르는 과정의 정보를 파악했을 때(결과중심평가)를 뜻한다.

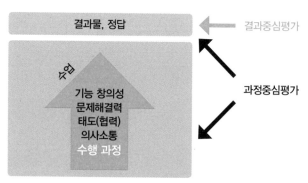

[과정중심평가의 평가 관점 (유영식, 2018)]

결과중심평가에서 '결과'는 최종적으로 학생이 달성한 학기 혹은 단원의 목표 도달도(상태)라고 정의할 수 있다. 이때 결과의 의미는 두 가지로 해석된다. 첫째는 시기적으로 '최종' 혹은 '마무리'를 뜻하고, 둘째는 '종합된 목표'를 뜻한다. 그렇다면 과정의 의미는 어떻게 달라질까?

과정중심평가에서 '과정'의 의미도 두 가지로 해석할 수 있다. 첫째, 과정은 큰 목표(종합 목표)를 달성하기 위한 하위 목표이다. 단원 혹은 학기의 목표를 달성하기 위한 하위 목표(성취기준)와 관련된 학습활동을 뜻할 수도 있다. 이때의 학습활동은 내용 요소, 기능을 익히는 과정이다. 즉, 학생은 하위 목표들을 달성함으로써 큰 목표에 도달할 수 있는 것이다. 둘째는 시기적으로 학습활동이 이루어지는 과정을 뜻한다. 교사는 학습활동이 마무리되기 전에 학생들이 학습활동을 어떻게 하고 있는지를 파악함으로써 적절한 피드백을 제공할 수 있을 것이다.

과정중심평가와 형성평가 : 피드백이 핵심

과정중심평가와 형성평가는 유사하지만 동일하게 볼 수는 없다. 형성평가는 학생의 학습을 개선하기 위한 목적이므로 피드백을 제공하는 것이 핵심이다. 과정중심평가의 형성적 기능은 다음 그림에 잘 나타나 있다.

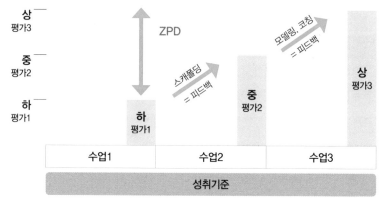

[과정중심평가의 형성적 기능(유영식, 2018)]

　학생들은 전체 성취기준에 도달하기 위하여 수업을 받았고, 1차 평가 실시 후 교사로부터 피드백을 받았다. 그리고 그 결과를 반영하여 최종적인 목표(성취기준)에 도달하는 것이 과정중심평가가 지닌 형성적 기능이다. 만약 학생이 시행착오를 거치면서 학습을 하는 동안에 교사가 학생들이 결과에 도달하는 과정을 확인하고 그 다음의 학습으로 이어질 수 있는 피드백을 제공하기 위해서 평가한다면 과정중심 형성평가가 된다. 이와 같은 방식의 과정중심평가는 주로 성취기준 간의 위계가 분명한 교과에서 나타날 것이다.

　한편, 총괄평가도 과정중심평가로 진행될 수 있다는 논리가 있다(김정민, 2018). 학습 종료 후 학생들의 성취수준을 결과에 도달하는 과정 중심으로 확인하여 평가한다면 과정중심 총괄평가라고 할 수 있을 것이다. 즉, 과정중심평가는 형성평가, 결과중심평가는 총괄평가라는 식의 구분도 타당하지는 않다.

　과정중심평가는 수행평가로 이뤄지는 경향이 있어서 둘의 개념을 혼동하는 경우가 많다. 실제로, 교육부 자료에도 과정중심평가는 수행평가로 진행될 수 있다고 표현되어 있다. 그러나 과정중심평가는 결과보다는 과정을 중심으로 하는 평가를 모두 일컫는 말이기 때문에 그것을 반드시 수행평가로만 한정할 수는 없다. 수행평가가 아닌 지필평가에서도 결과만을 요구하는 것이 아니라 문제를 푸는 과정을 중요하게 평가한다면 그것 역시 과정중심평가의 일환으로 볼 수 있을 것이다(김정민, 2018).

　이상의 논의를 종합할 때, 과정중심평가의 모습은 다음과 같이 나타날 수 있다. 위계가 분명한 성취기준을 적용하는 경우에는 ①과 같이 평가가 이루어질 것이고, 평가 요소를 중심으로 다각적인 정보를 수집하는 경우는 ②와 같이 평가를 수행할 것이다.

[위계가 분명한 성취기준을 지닐 경우의 과정중심평가 사례]

[위계가 분명하지 않은 경우, 평가 요소를 기준으로 과정중심평가 사례]

2) 과정중심평가의 핵심 요소

과정중심평가가 유사한 용어들을 포함하는 개념으로 사용될 경우, 모든 평가가 과정중심평가인가에 대한 논란이 계속될 수도 있다. 교육부와 한국교육과정평가원(2017)에서도 과정중심평가를 결과중심평가, 수행평가, 지필평가, 형성평가, 총괄평가를 포괄하는 것으로 개념화하고 있기 때문에 다소 혼란스러울 수 있다. 이는 연구자에 따라 과정중심평가에 대한 해석이 다양하기 때문에 나타나는 현상이다. 그러나 과정중심평가가 포괄적인 의미를 갖더라도 놓치지 말아야 할 '과정'의 핵심은 세분화된 목표 도달도 확인과 학습활동 중에 이뤄지는 평가 정보수집이다. 이때의 목표는 교사가 재구조화한 성취기준이며 학습활동 중 평가를 통해 다각적인 자료를 수집할 수 있다.

무엇보다도 과정중심평가의 핵심 요소는 피드백이다. 교사가 세분화된 목표 도달도를 확인하고, 수행 과정의 정보를 수집했다면 무엇을 해야 하는가? 무엇을 위해서 정보를 수집했는가? 만약, 학교생활기록부에 입력할 점수를 산출하는 것이 목적이라면 기존의 결과중심평가와 크게 다르지 않을 것이다. 따라서 과정중심평가의 완성은 피드백에 있다. 과정중심의 형성평가든, 과정중심의 총괄평가든 간에 학생에 대한 구체적인 정보를 수집했다면 피드백을 통해 학생의 성장을 지원해야 한다. 앞에서 살펴본 과정중심평가의 핵심 요소를 정리하면 다음과 같다.

과정중심평가의 핵심 요소

	핵심 요소	교육부 정의	과정중심평가를 위한 활동
세	세부화된 목표	성취기준 기반	• 성취기준 도달을 위한 평가 기준 구체화(세분화) • 큰 목표 달성을 위한 하위 목표 설정
중	수행 과정 중 정보수집	다각적 정보 수집	• 수업 중 학생이 생산하는 정보수집 • 결과에 이르게 된 학생의 수행 과정 검토
피	피드백	피드백 제공	• 세분화된 목표별 피드백 • 수업 중 수집된 정보에 대한 피드백

과정중심평가, 어떻게 해야 할까?

과정중심평가에 대한 개념이 모호한 상태에서 과정중심평가의 방법을 제시하기는 쉽지 않다. 여기서는 과정중심평가의 핵심 요소를 기준으로 한 교사의 실제 사례를 분석해 보고, 현실 가능한 방법을 찾아보고자 한다.

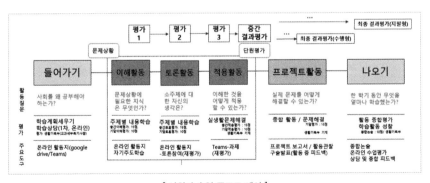

[사회과 수업 구조도 예시]

여기서 사례로 제시하는 교사의 평가가 완벽하게 과정중심평가의 지향점에 부합한다고 말할 수는 없다. 다만, 교사가 처한 환경에서 학생의 성장에 도움이 되도록 평가를 하고 있다고 말할 수는 있다. 이 교사의 수업에서는 학생들의 학기 목표 도달 정도를 프로젝트 활동과 종합논술을 통해 확인하고 있지만 세부적으로는 단원별 성취기준(목표)의 도달 여부를 확인하도록 수업과 평가를 설계하였다. 즉, 학기말 종합논술과 사회참여 프로젝트라는 결과중심평가를 실시하고 있으나 그 결과에 이르기 위한 과정의 활동 정보를 단원 활동을 통해 수집하고, 피드백을 제공하였다. 분석하고자 하는 사례를 과정중심평가의 핵심 요소별로 구분하여 설명하면 다음과 같이 정리할 수 있다.

과정중심평가 예시(중학교 일반사회 영역 '문화' 단원)

단원 성취기준	영역	세분화된 평가 목표	구체적 활동 [정보수집]
문화의 의미와 특징, 바람직한 문화이해 태도를 이해하고, 현재의 대중매체와 대중문화를 비판적으로 평가한다.	이해 (자기 평가) ↓	• 학습한 개념의 의미를 설명하고 있는가? • 학습한 개념을 적절한 사례를 활용하여 설명하고 있는가? • 단원의 내용 요소를 활용하여 실생활에 적용할 것을 성찰하고 있는가? ※교사 피드백 제공	내용 요소 중심의 자기주도 학습 & 교과서 탐구 활동 [정보수집] –온라인 워크시트
	토론 ↓	• 객관적인 자료에 근거하여 자신의 주장을 제시하는가? • 타인의 의견을 경청하고 토론에 적극적으로 참여하는가? • 토론 과정을 토대로 자신의 의견을 최종적으로 제시하였는가?	소셜미디어가 생산하는 대중문화 무엇이 문제인가? [정보수집] –온라인 토론 기록지 –오프라인 교사 관찰

	• 대중문화의 문제상황을 명확하게 분석하였는가? • 대중매체와 대중문화의 문제상황을 학습 내용과 관련하여 대안을 제시하였는가? • 적절한 도구를 활용하였는가?	청소년 소셜미디어 활용 매뉴얼 제작하기 [정보수집] －온라인 결과물 －개별 성찰일기
적용 ↓		
단원 평가 (교사평가)	• 이해 활동에서의 평가 목표 적용 ※교사 피드백을 통한 재도전 기회 부여	[정보수집] －온라인 평가지

1) 세분화된 목표

위 사례에서 교사는 단원의 차시별 성취기준을 통합하였다. 블록타임 수업을 운영하고 있는 학교 상황, 단원 내 성취기준 간에 위계가 크지 않다는 교과 상황, 역량 중심의 수업과 평가를 모든 단원에서 일관성 있게 진행하고자 하는 교사의 상황(의도)이 고려된 것이다. 교사의 성취기준은 내용 요소에 대한 '이해'와 비판적 '평가'라는 기능 요소로 구성되어 있다. 그리고 교사는 이것을 보다 세분화하였다. 첫째, 내용을 이해했다는 것은 '개념의 의미 설명', '사례를 사용하여 설명', '자신의 실생활에 적용할 점을 반영하여 설명'으로 구분하였다. 둘째, 성취기준상의 '비판적 평가'는 토론 활동과 적용 활동에 반영하였다. 사실상 비판적 평가는 조사, 분석, 문제해결 등과도 관련 있는 기능이다. 따라서 토론 활동에서는 '객관적인 자료(학습 내용)에 근거하여 주장', '타인의 의견을 경청 및 적극적 참여(태도)', '토론을 통한 의사결정'을 하위 평가 기준으로 삼았다. 셋째, 적용 활동에서는 이해하고 토론한 결과를 종합적으로 활용할 수 있는 활동을 진행하였다. 하위 평가 기준은 '대중문화 문제점 분석', '적절한 대안 제시', '도구를 활용하여 표현'이었다. 학생들이 단원의 성취기준을 달성했다는 것은 이러한 평가기준들에 의해 평가되는 것이다.

2) 수행 과정 중 정보수집

이 교사의 수업에서는 학생들의 수행 과정 중 정보를 다각적으로 수집하였다. 정보수집은 모든 수업 중에 이루어졌다. 이해 활동 과정에 대한 정보는 온라인 활동지를 통해 수집하였다. 학생들의 정보는 크게 학습 전 진단평가-학습-학습 후 자기평가였다. 이해 활동은 단원의 내용 요소를 파악하고, 토론 활동과 적용 활동을 진행하기 위한 학습이었다. 그리고 추후 단원평가를 위한 연습이기도 했다. 학생들은 교과서, 영상, 질문 등을 통해 내용 학습을 진행하게 되는데 이러한 정보들은 모두 온라인 활동지를 통해 수집하였다. 다만, 이해 활동 과정의 정보는 학생의 학습 과정과 태도를 파악하는 데에만 활용하고 점수화하지는 않았다. 교사는 학생들의 수집된 정보를 확인하고, 적절한 피드백을 제공하는 데 활용하였다.

아는 만큼 작성해봅시다.

주제학습을 하기 전에 내가 알고 있는 것은 무엇인가요? 초등학교에서 배운 지식, 친구,부모, 신문, 뉴스 등을 통해 이미 알고 있는 바를 솔직하게 작성해봅시다. 아무리 생각해도 모르겠다면 '잘 모르겠다'라고 작성해도 괜찮습니다.

하나. 문화의 의미는 무엇인가요?

내 답변

둘. 문화를 이해하는 바람직한 태도는 무엇일까요?

내 답변

셋. 대중문화라는 말을 들어봤나요? 그렇다면 그 의미는 무엇일까요?

내 답변

[사전 진단평가]

---

1. 문화의 의미

학습질문1. 문화는 무엇이고, 그 구성요소에는 무엇이 있나요? 예를 들어 설명해보세요.
교과서 : 143페이지, https://goo.gl/sTjCgw (문화의 의미), https://goo.gl/VbJzad (문화의 구성요소)

내 답변

질문 : https://padlet.com/freshlife1029/201703

☐ 주제와 관련하여 궁금한 내용, 친구에게 설명하다가 새롭게 생긴 내용을 질문으로 작성해봅시다.

탐구과제1: 무엇이 문화일까?

우리의 전통문화 중 하나인 농악은 2014년 유네스코의 인류 무형 문화유산에 등재되

[학습활동(3~4개 학습 질문)]

자기평가1

1. 문화는 한 사회 구성원이 만들어 낸 공통의 (○○○○)(이)다. *

내 답변

2. 문화는 다양한 요소로 구성되어 있으며, 크게 (○○)문화와 (○○○)문화로 구분된다. *

내 답변

3. (○○○ ○○○○)은(는) 자기 문화의 우월성을 지나치게 강조하여 다른 문화를 부정적으로 여기는 태도이다. *

내 답변

[자기평가1]

자기평가2

자기평가1의 정답. 1. 생활양식 / 2. 물질, 비물질 / 3. 자문화 중심주의 / 4. 사대주의 / 5. 상대주의 / 6. 대중문화 / 6. 대중매체

주제학습을 하고 난 후 학습한 내용을 교과서 참고하지 않고 작성해보세요. 점수에 들어가지 않습니다. 학습하기 전후를 비교해보세요.

학습질문1. 문화는 무엇이고, 그 구성요소에는 무엇이 있나요? 예를 들어 설명해보세요.

내 답변

학습질문2. 우리가 피해야 할 문화이해태도는?세 가지 태도를 예를 들어 설명해보세요. 그리고 우리가 가져야 할 문화이해태도는?

내 답변

[자기평가2]

토론 활동에서는 학생들이 작성하는 온라인 토론 활동지를 수집하였다. 온라인 토론 활동지는 ① 주장과 근거 작성 ② 친구들과의 토론 ③ 자신의 입장 수정 및 강화로 구성되어 있다. ①~③은 순차적으로 진행되며 토론 과정에서 수정할 수 있었다. 학생들의 토론 참여도 정보는 교사의 관찰에 의해 수집되었다. 토론이 끝나면 교사는 온라인 토론 활동지를 세분화된 평가 기준에 따라 평가하고 피드백을 제공하였다.

1.자신의 의견   0/0점

소셜미디어는 청소년 문화에 어떤 영향을 미치고 있는가?

나의 입장   / 0

	1	2	3	4	5	
매우 부정	○	◉	○	○	○	매우 긍정

개별 피드백 추가

1-1. 나의 주장   / 0

소셜미디어는 청소년 문화에 부정적인 영향을 미친다고 생각한다.

개별 피드백 추가

1-2. 주장에 대한 근거1: 학습내용 관련성   / 0

대중 매체를 쉽게 접하게 된것만큼 청소년 문화에도 sns가 굉장한 영향력을 미치고 있다. 하지만 페이스북과 페이스북 메세지와 같은 경우, 페이스북을 하지 않으면 친구들과의 말도 통하지 않고, 서로 펨(페이스북 메세지)에서 말했던 일들이나 있었던 일들을 말하여서, 소외감을 느낄 수도 있다. 또, 유튜브나 페이스북에서 유행하는 것들을 청소년들이 다들 따라하고, 다 비슷한 정보들을 주고 받으며, 사고방식등이 획일화 될 수 있다. 그렇기 때문에 소셜미디어(sns)는 청소년 문화에 부정적인 영향을 미친다고 생각한다.

개별 피드백 추가

[주장과 근거]

2. 토론 참여(타인의 주장에 대한 의견)　　　　　　　　　　　0/0점

소셜미디어는 청소년 문화에 어떤 영향을 미치고 있는가? 긍정적인 영향을 미치는가? 부정적인 영향을 미치는가?

2-1. 친구의 주장에 대한 의견1: 반박/동의하는 내용　　　　　　/ 0
친구와 1:1 토론

부정적인 영향이 많다고 생각한다.:같은 정보만을 보기 때문에 친구들과 말이 잘 통할 수도 있지만, 음란물이나 그런 것들에 대한 정보들도 쉽게 접할 수 있고,비슷한 정보들 때문에 획일화 될 수 있다고 생각한다.

페이스북을 하다보면 실제로 음란물에 관련된 영상들도 간혹 보이기 때문에 공감이 가기도 한다.

개별 피드백 추가

2-2. 친구의 주장에 대한 의견2: 반박/동의하는 내용　　　　　　/ 0
전체 토론

부정: 자극적인 영상등을 많이 접할 수 있고, 서로 이야기를 할때 사이버불링 등이 생길 수 있다.
중간: 소셜미디어에서 새로운 정보도 얻고, 친구도 사귈 수 있지만, 욕설등을 배우고, 중독되기도 한다. 이것을 잘만 컨트롤 한다면 괜찮을 것이다.
긍정:중독 증상이 일어날 수 있지만, 자신이 컨트롤하면서 자제할 수 있으면, 새로운 친구를 사귈 수 있고, 자신이 좋아하는 아이돌의 근황또한 알 수 있다고 생각합니다.또, 그렇기 때문에 스트레스를 풀 수도 있다.

[친구들과의 대화(1:1→전체)]

---

3. 자신의 최종 의견　　　　　　　　　　　　　　　　　0/0점

소셜미디어는 청소년 문화에 어떤 영향을 미치고 있는가? 긍정적인 영향을 미치는가? 부정적인 영향을 미치는가?

최종) 나의 입장　　　　　　　　　　　　　　　　　　/ 0

	1	2	3	4	5	
매우 부정	○	◉	○	○	○	매우 긍정

개별 피드백 추가

친구들과의 토론을 통해 강화되거나 수정된 자신의 생각을 작성해봅시다.　　　　　/ 0

서로 소셜미디어 상에서의 따돌림또한 더해야 한다고 생각한다.

개별 피드백 추가

[의사결정: 입장 수정 및 강화]

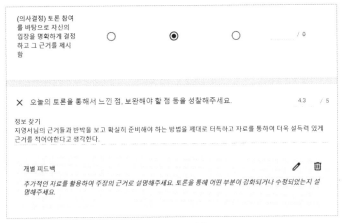

[교사의 피드백]

적용 활동에서는 단원을 시작하면서 안내한 문제상황에 대한 학생들의 과제 수행 정보를 수집하였다. 적용 활동은 단원의 성취기준 도달 여부 중 하나의 과정으로 작용함과 동시에 이해-토론 활동은 적용 활동의 과정인 셈이다.

적용 활동의 산출물은 3단계로 완성되었다. 1차는 개인별(팀별) 활동, 2차는 동료(다른 팀)와의 상호 피드백, 3차는 수정 후 제출 활동이었다. 교사는 주로 1차 개인별(팀별) 과제 작성 시 도움을 주었다. 그리고 학생들의 최종 제출 이후 평가 기준에 근거하여 평가한 후 피드백을 제공하였다.

점심을 먹고 나면 친구들은 대부분 스마트폰을 한다. 게임을 하기도 하고, 유튜브를 보기도 하고, 페이스북을 하는 친구들도 있다. 스마트폰을 갖고 있지 않은 사람들은 친구들과 어울리기가 쉽지 않다. 나의 의견을 얘기해도 친구들과 대화를 할 때에도 SNS에서 유행하는 말들이 대부분이다. 친구들은 SNS에 올라오는 말들을 사실로 믿고, 다른 친구에게 전하는 경우가 많다. 그만큼 페이스북, 유튜브와 같은 소셜미디어 등은 새로운 문화를 만들어 가고 있고, 우리에게 미치는 영향도 큰 것 같다.

1. (이해활동) 우선, 나는 문화가 무엇인지, 우리가 문화를 어떻게 바라봐야 하는지를 살펴볼 것이다.
2. (토론활동) 그리고, 나는 소셜미디어가 우리에게 긍정적인 혹은 부정적인 영향을 미치는지 친구들과 토론해 보기로 했다.
3. (적용활동) 마지막으로 청소년들의 소셜미디어 활용 문화를 위한 매뉴얼을 만들어서 우리학교 게시판에 홍보할 것이다.

우리에게 어떤 영향을 미칠까?

[문제상황 설명(단원 도입 시)]

[활동목표]
소셜미디어가 청소년 문화에 미치는 영향을 분석/비평하고, 바람직한 문화형성을 위한 소셜미디어 활용 방법을 제안한다.

[활동내용]
1. 자신이 사용하고 있는 소셜미디어를 관찰한다.
2. **(필수)소셜미디어가 문화형성(청소년들의 생각과 행동 등)에 어떤 영향을 미치고 있는지 분석하고 기록한다.**
    1. 문제분석단계에서 학습한 단어가 반드시 포함되어 야 함(2개 이상).
3. **(필수)청소년들이 소셜미디어를 활용할 때 지켜야 할 것(주의해야 할 것, 대안)을 사진/그림으로 표현한다.**
    1. 이때, 반드시 학습한 내용과의 관련성이 있어야 함.(학습한 단어가 포함되어야 함)
    2. 추가적으로 문제상황과 관련하여 창의적인 대안을 제시함.
4. 채점기준을 반드시 확인해보고 활동을 시작한다.

[작성방법]
1. 문제가 되고 있는 것을 분석한 내용이 담겨야 함.
2. 소셜미디어 활용 방법에 관한 사진(그림) 혹은 영상이 담겨야 함.
3. 카드뉴스 제작틀(링크)로 제출하는 것이 기본임. 자신에게 편리한 도구, 매력적인 도구를 선택하여 표현해도 좋음(권장).

[과제 내용 안내]

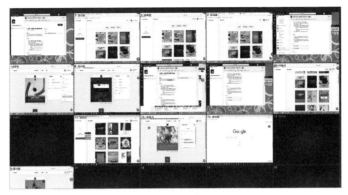

[학생 활동]

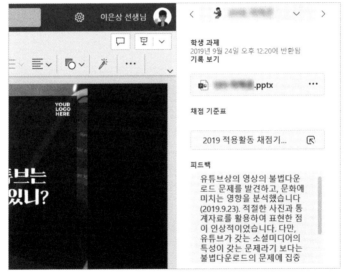

[교사의 피드백]

교사의 이해 활동 평가는 2단계로 이뤄졌다. 1단계는 학습 후 자기 평가로, 2단계는 모든 활동 종료 후 단원평가였다. 2단계의 평가를 굳이 개념적으로 구분하자면 단원 수준의 '결과중심 지필평가'였다. 학생들의 내용 요소 이해 정도, 학습활동 참여를 통한 태도와 적용 능력 등을 종합적으로 확인하는 것이다. 물론, 이러한 평가가 결과중심인가 과정중심인가에 대해서는 관점에 따라 달라지는 면이 있다. 단원 수준의 총괄평가적 성격이 있지만 사전에 다양한 활동과 각각에 대한 피드백이 제공된 점, 단원평가 피드백을 반영하여 재평가가 가능한 점 등은 과정중심평가적 요소라고 할 수 있기 때문이다.

얼마나 학습이 되었나요?

학습을 통해 이해한 바를 자신의 언어로 표현해주세요. 학습한 바를 종합적으로 설명해주세요.

채점기준표 확인하세요!

평가요소	채점기준	수준	점수	만점
개념의 의미 이해	• 본 단원에서 학습한 모든 개념의 의미를 명확하게 설명함.	우수	5	5
	• 본 단원에서 학습한 개념의 의미 중 일부에 대해서만 설명함.	일부 미흡	4	
	• 본 단원에서 학습한 개념의 의미에 대한 이해가 전반적으로 부족함.	향상 필요	3	
사례 활용 이해	• 본 단원에서 학습한 모든 개념을 적절한 사례를 연결하여 설명함.	우수	5	5
	• 본 단원에서 학습한 개념 중 일부에 대해 적절한 사례를 연결하여 설명함.	일부 보완	4	
	• 본 단원에서 학습한 개념 중 전반적으로 관련 사례를 연결하는데 미흡함.	향상 필요	3	
성찰적 이해	• 본 단원의 학습활동을 통해 새롭게 알게 된 것, 자신의 생활에 적용할 것을 종합적으로 성찰함.	우수	5	5
	• 본 단원의 학습활동을 통해 새롭게 알게 된 것, 자신의 생활에 적용할 것 중 일부에 대해서만 성찰함.	일부 보완	4	

[문제상황 설명(단원 도입 시)]

1-1. 문화의 의미는 무엇인가요?

장문형 텍스트

1-2. 문화인 것을 사례를 들어 설명해주세요.

장문형 텍스트

2-1. 우리가 가져야 할 문화이해태도는 무엇인가요? 설명해주세요.

장문형 텍스트

2-2. 우리가 조심해야 할 문화이해태도를 사례를 들어 설명해주세요.(3가지)

장문형 텍스트

[과제 내용 안내]

>> 성찰하기1: 이번 단원 학습의 전체적인 과정을 스스로 평가해보세요.

장문형 텍스트

>> 성찰하기2: 이번 단원 학습에서 가장 유용한 지식은 무엇이었나요? 선택한 이유는 무엇인가요?

장문형 텍스트

>> 성찰하기3: 이번 단원 학습을 실생활에 어떻게 활용할 것인가요? 혹은 어떤 태도를 지닐 것인가요? 구체적으로 설명해주세요.

장문형 텍스트

[학생 활동]

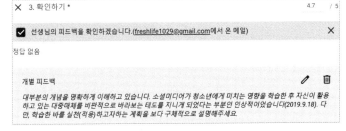

✕ 3. 확인하기 *   4.7   / 5

☑ 선생님의 피드백을 확인하겠습니다.(freshlife1029@gmail.com에서 온 메일)   ✕

정답 없음

개별 피드백   ✏ 🗑

대부분의 개념을 명확하게 이해하고 있습니다. 소셜미디어가 청소년에게 미치는 영향을 학습한 후 자신이 활용하고 있는 대중매체를 비판적으로 바라보는 태도를 지니게 되었다는 부분이 인상적이었습니다(2019.9.18). 다만, 학습한 바를 실천(적용)하고자하는 계획을 보다 구체적으로 설명해주세요.

[교사의 피드백]

3) 피드백

교사는 단원의 성취기준을 달성하기 위한 세부 평가 기준에 근거하여 피드백을 제공하였다. 피드백의 내용은 크게 두 가지로 구성되었다. 첫째는 학생이 드러낸 특징, 관심, 변화를 기술하는 것이었다. 둘째는 채점 기준표에 근거하여 달성되지 않은 기준과 내용을 기술하는 것이었다. 일반적으로 학생에게 부여하는 점수 중 감점의 사유를 피드백 내용으로 기재하는 경우가 많은데, 해당 사례의 교사는 가급적 학생이 활동 과정에서 나타낸 특징을 작성하였다. 또한, 각 활동별 피드백을 온라인을 통해 제공한 후 단원 종료 시 정리된 표(점수&피드백)를 개별적으로 전송하였다.

문화의 이해	이해 활동	5	5.0	문화 단원에 대한 개념을 전반적으로 이해하고 있습니다. 소셜미디어와 같은 대중매체를 이용할 때, 가짜뉴스를 비판적으로 바라보겠다고 태도를 다짐한 부분이 인상직이었습니다.	14.3
		5			
		5			
	토론 활동	4	4.7	객관적인 자료를 추가하여 자신의 근거를 보강해 보세요. 찾은 자료가 청소년 '문화'에 어떤 영향을 미치는지를 설명해야 합니다.	
		5			
		5			
	적용 활동	5	4.7	문제 분석이 잘 이루어졌습니다. 대안도 잘 찾았으나 이 과제에서 요구한 청소년들이 소셜미디어를 활용할 때 지켜야 할 것이 구체적으로 드러나 있지 않습니다.	
		4			
		5			

[학생에게 제공한 단원 평가 결과 및 피드백 내용 1]

		3		문화이해 태도를 학습한 후 자문화중심주의를 일상생활	
	이해	4	3.7	에서 주의하겠다는 다짐을 했습니다.(2019.9.25.) 다만,	
	활동	4		바람직한 문화이해 태도, 대중문화와 대중매체의 개념	
				에 대한 이해를 보다 명확하게 할 필요가 있습니다.	
문화의		3		학습 내용과 관련하여 자신의 주장에 대한 근거를 설	
이해	토론	4	3.7	명해 주세요. 추가적인 자료를 찾아서 근거를 보완해	11.7
	활동	4		주세요. 전체 토론 발표에 참여해 주세요. 전체 토론을	
				통해 강화된 부분을 찾아 설명해 주세요.	
		4		문제를 잘 발견했습니다. 문제가 나타나고 있는 현상	
	적용	4	4.3	에 대한 구체적인 설명과 분석이 부족했습니다. 또한,	
	활동			대안도 일부 찾았으나 이 과제에서 요구한 청소년들이	
		5		소셜미디어를 활용할 때 지켜야 할 것이 구체적으로	
				드러나 있지 않았습니다.	

[학생에게 제공한 단원 평가 결과 및 피드백 내용 2]

과정중심평가, '아직'과 '이미' 사이

과정중심평가가 평가혁신정책으로 작용하며 교사의 평가 행위 변화를 유도하고 있다. 과정중심평가는 교사가 평가 계획을 잘 수립했는지 판단하는 기준이 되기도 한다. 과정중심평가에 대한 개념과 특징 등이 명확하지 않은 상황에서 이와 관련한 논쟁이 발생하는 학교도 있다. 앞서, 과정중심평가 개념의 모호함을 정리해 보고, 그것의 핵심적인 특성을 살펴보았다. 과정중심평가의 개념은 모든 평가를 포함할 수 있을 정도로 포괄적이지만 그 취지는 학생들의 수행 과정에 관심을 갖자는 것으로 이해될 수 있다. 즉, 결과를 평가하는 것이 나쁘다는 것이 아니라 과정에도 함께 집중하자는 것이다.

과정중심평가의 취지에 동의하지 않는 교사는 별로 없을 것이다.

그러나 이를 어떻게 실행할 것인가에 대한 현실적 고려를 해 본다면 쉽지 않은 평가 방식이 될 수 있다. 예를 들면, 과정중심평가는 오히려 학생들에게 부담을 주는 평가 아닌가? 수업1-수업2-수업3… 이 평가로 이어지던 기존의 방식에서는 일회적인 평가만 준비하면 되었지만 지금처럼 수업1(+평가1)-수업2(+평가2)-수업3(+평가3)…인 경우에는 학생들에게 정신적·신체적 부담이 따를 수 있다.

또한, 즉각적 피드백이 과연 가능한가에 대한 논란이 있을 수 있다. 개별 교사가 담당하고 있는 학생 수와 수업시수 등을 따져 볼 때, 모든 학생들에게 개별적인 피드백을 준다는 것은 현실적으로 쉬운 일이 아니다. 그럼에도 불구하고, 과정중심평가의 핵심 요소를 실천하는 교사들은 보람되지만 힘겨운 경험을 하고 있는 셈이다. 앞서 살펴본 사례의 교사는 실제로 학생 수, 수업시수, 테크놀로지 환경 등이 잘 갖춰진 상황이었기 때문에 모든 학생들에게 개별적이고 즉가적인 피드백을 시도할 수 있었다. 이런 사례를 통해 과정중심평가를 위해서는 평가철학과 방법을 논함과 동시에 어떤 환경적 요소들이 확보되어야 하는지도 함께 고려되어야 할 것이다.

마지막으로 과정중심평가가 학생의 학습 개선에 어떻게 기여하는가에 대한 논의가 필요하다. 수학과 같이 위계가 분명한 교과의 경우, 단원 성취기준에 도달하기 위해서는 각 차시별 활동에 대한 교사의 피드백이 다음 활동에 직접적으로 도움이 된다. 그러나 일부 교과의 경우, 단원 간 혹은 단원 내 성취기준 간의 연계가 높지 않은 편이다. 즉, 각 차시별 활동에 대한 교사의 피드백이 다음 차시의 활동에 활용되지 않을 수 있다. 이처럼, 학교 차원에서 내실 있게 과정중심평가를 실천하기 위해서는 교과의 특수성을 이해하려는 노력과 더불어 학교 공동체의 소통과 합의가 필요할 것이다.

2장

평가, 연구와 실천 그리고 성찰하기

_교과별 사례 탐색

평가의 핵심, 타당도에 주목하라!
_영어과 사례를 중심으로

선생님, 근데 이거 왜 해요?

영어 교사인 J는 임용 후 첫 발령을 받고 실제로 학생들과 만났을 때 큰 좌절감을 느꼈다. 책에서 보던 것과 실제 상황은 매우 달랐고, 머릿속으로 그려 왔던 수업들은 학생들에게 전혀 먹혀드는 것 같지 않았다. J는 이론과 현실의 괴리에 심한 배신감을 느꼈고, 그의 수업은 하루하루 망해 가고 있었다. 그는 진지하게 고민하기 시작했다.

> "무엇이 잘못된 걸까? 분명, 이렇게 수업하는 것이라고 공부했는데
> 왜 뜻대로 안 되는 거지?"

어느 날 7교시 영어 수업 시간. 학생들은 하나둘씩 엎드려 자기 시작했다. 수업은 산으로 가고 있었고 J는 자괴감에 몹시 힘들었다. 마침 그때 교실들을 둘러보던 교감 선생님이 J의 수업 장면을 목격하였고, 수업 후 J는 호출을 당했다. 교감 선생님은 수업 방법에 대해서 좀 더 고민해 보라며 따뜻하게 조언해 주었지만 J는 어떻게 수업해야 할지 갈피를 잡을 수 없었다.

교사로서의 첫해를 그렇게 찝찝하게 마감한 J는 2년 차가 되었을 때 1학년 수업을 맡아 잘해 보기로 다짐했다. 수많은 연수를 이수하면서 생각했던 아이디어들을 중심으로 학생 중심 수업을 전면적으로 도입하여 모든 수업을 학생 중심으로 진행하였다. 음악도 틀고, 그림도 그리고, 체조도 하고, 음식도 만들며 매일 다양한 활동을 하기 위해 노력했고 수업 시간에 학생들의 참여도도 매우 높았다.

문득 J에게 자만심이 들기 시작했다. 이제 학생들도 수업에 적극적으로 참여하고, 학생 중심 수업도 잘 구현하고 있으니 이 정도면 됐다는 안일함에 빠진 것이다. 그런데 이러한 안일함을 깨 준 한 명의 학생이 있었다. J는 읽기 수업 시간에 과정중심평가 과제로 학생들에게 그래픽 오거나이저graphic organizer활동(사실, 의견, 용어 등의 관계를 시각적으로 묘사하는 활동으로 영어 읽기 수업에서 읽은 내용을 시각화하는 목적 등으로 활용)을 하도록 했고, 그림을 그려 텍스트의 내용을 정리하되 반드시 색칠까지 하라고 안내하였다. 모든 학생이 평소처럼 열심히 그래픽 오거나이저를 그리며 색칠하고 있을 때 한 학생이 질문이 있다며 J에게 다가왔다.

"선생님, 근데 이거 왜 해요?"

J는 학생에게 그래픽 오거나이저 활동과 읽기 수업의 관계에 대해 차근차근 자세히 설명해 주었다. 냉소적인 학생이라며 넘기려던 찰나 학생은 또 다른 질문을 했다.

"그건 알겠는데요, 영어 시간인데
왜 색칠까지 해야 하는 건지 모르겠어요."

[교사 J의 읽기 수업 산출물 예시]

어느 날 저녁 영어 교사 모임의 회식에 참여한 J는 다른 학교의 영어 교사들과 과정중심평가에 대해 이야기를 나누게 되었다. J는 자신이 읽기 수업에서 실시한 그래픽 오거나이저 평가에 대해서 자연스럽게 이야기하였고 이를 가만히 듣고 있던 한 선배 교사가 질문을 던졌다.

"선생님, 근데 색칠하는 능력하고 영어 읽기 능력이 관계가 있나요?"

J는 선배 교사의 질문에 명쾌한 답변을 내놓지 못했고 좀 더 생각해 보겠다며 얼버무렸다. J는 매우 혼란스러웠다. '왜?'에 대한 별다른 고민 없이 실시했던 수많은 수업과 평가 장면들이 뇌리를 스쳐 지나갔다. 작년에 실시했던 영어 말하기 평가에서 PPT 제작을 점수에 포함시켰던 일, UCC 만들기에서 창의성을 평가했던 일 등 선배 교사의 질문을 통해 다시 생각해 보니 자신의 수업과 평가에 많은 문제가 있었음을 깨닫게 된 것이다.

J의 고민은 평가의 타당도와 관련이 있다. J의 사례와 관련하여 타당도에 대한 다음 세 가지 질문에 대한 답을 찾아보고자 한다.

"타당도가 왜 중요할까?"
"타당도는 무엇일까?"
"타당도를 높이려면 어떻게 해야 할까?"

갑자기 등장한 타당도라는 단어에 약간 당황스러울 수도 있다. 그러나 위의 질문에 대해 답을 찾아가다 보면 어느새 타당도가 무엇인지 완벽하게 이해하게 될 것이다.

타당도의 개념과 의미

1) 타당도에 주목해야 하는 이유

J의 문제는 결국 하나의 질문으로 귀결된다. 무심코 해 오던 자신의 수업과 평가에 대해 다음과 같은 질문을 던져 보지 않은 것이다.

"왜?"

J가 읽기 수업에서 그래픽 오거나이저를 활용한 것은 전혀 문제가 없다. 이론적으로 충분히 검증된 활동이며 많은 영어 교사들이 읽기 수업에서 활용하고 있는 교수학습 전략이기 때문이다. 그런데 여기서 고민해 볼 지점은 바로 '색칠하기' 부분이다. 그래픽 오거나이저는 학생들이 읽은 텍스트의 내용을 시각적으로 구조화하여 요약하는 활동이다.

텍스트의 구조를 시각화함으로써 글에 나타난 개념들의 연결 관계를 파악하게 하고, 이를 거시적으로 바라볼 수 있게 하는 것이 해당 활동의 핵심적인 교수학습 목표라고 볼 수 있다. 수업하기 전에 교사는

이와 관련하여 적어도 다음의 두 가지 질문에 대해 깊이 고민했어야
한다.

① 색칠을 하지 않는다고 그래픽 오거나이저 활동의 본래 취지를
구현할 수 없는가?
② 색칠 활동을 했을 때 기대되는 추가적인 영어 교육적 효과는 무
엇인가?

위의 두 가지 질문에 대해 설득력 있는 답변을 내놓지 못한다면 '색
칠하기' 활동은 굳이 할 필요가 없다. 앞선 사례에서 교사 J는 위의 두
가지 질문에 대한 답을 갖고 있지 않았다. 그는 해당 활동의 교수학습
효과보다는 수업의 전면에 시각적으로 부각되는 산출물의 화려함만
을 추구했던 것이다. 이는 교사들이 흔히 범하는 오류 중 하나이다.

만약 J가 위의 질문에 대한 명쾌한 근거와 답을 가지고 있었다면 그
래픽 오거나이저 활동의 '색칠하기'도 충분히 정당화될 수 있으며, "선
생님, 근데 이거 왜 해요?"라는 학생의 질문에 당황할 이유도 전혀 없
었을 것이다.

그래픽 오거나이저의 '그래픽'은 시각적인 측면을 강조하는 부분이
기 때문에 '디자인'을 평가 요소로 포함한 채점 기준표도 있다. 다만,
디자인 항목에서 의미하는 색의 사용은 메시지의 강조와 같은 특징적
인 기능적 속성과 연계되어 있어야 하며 그 부분이 충분히 수업에서

다뤄졌음을 전제로 한다. 단순히 과제 완성의 조건으로 색칠하기를 요구하는 것은 이러한 맥락에서도 적절하지 않다.

이 논의를 좀 더 평가와 연결시켜 보면 '타당도'라는 개념과 밀접하게 맞닿아 있다는 것을 알 수 있다. 타당도란 평가도구가 정말 측정하고자 하는 바를 측정하고 있느냐를 뜻한다. 그렇다면 타당도의 관점으로 볼 때, 교사가 그래픽 오거나이저 활동에서 보고자 했던 것이 '색칠하기'와 얼마나 관계가 있나? 라는 질문을 제기할 수 있을 것이다. 교사가 그래픽 오거나이저를 통해 최종적으로 키워 주고자 했던 학생들의 능력과 '색칠하기'의 관계가 명확하지 않거나 그 근거가 불분명하다면 '색칠하기' 점수가 포함된 그래픽 오거나이저 활동과 평가는 타당도가 떨어진다고 볼 수 있다.

EBS 「가르치시 않는」 학교 1부 중
(* 영상 출처: https://www.youtube.com/watch?v=GXgW82QdJX8)

▲ 수학 시간에 역할을 나누어 모둠학습을 하는데 그림 그리는 역할을 맡은 학생들은 무엇을 배우게 되는가에 대한 교사의 문제 제기와 역사 시간에 그림 그리는 활동을 한 후 학생들이 보여 준 반응은 타당도와 밀접한 연관이 있다고 볼 수 있다.

타당도의 개념을 좀 더 쉽게 이해하기 위해 영어 말하기 수행평가 채점 기준표 예시를 한번 살펴보자. 다음 표에서 제시하는 영어 말하기 수행평가의 만점은 15점이다.

영어 말하기 수행평가 채점 기준표

평가 요소	평가 기준	점수
내용	발표 내용의 창의적인 정도를 평가	7
발음	정확성과 유창성 정도를 평가	2
전달력	이해 가능성(intelligibility)과 목소리 크기 등을 평가	2
발표 태도	시선 처리, 제스쳐 사용의 적절성 등을 평가	4

위의 영어 말하기 수행평가 채점 기준표에서 어떤 문제점을 발견할 수 있을까? 바로 평가 요소 설정의 문제이다. 해당 채점 기준에 근거하여 받은 점수는 그 학생의 영어 말하기 능력에 대한 정당한 해석과 연결된다. 그러나 이 평가에서 고득점을 받은 학생의 영어 말하기 능력이 높다고 이야기하는 것은 무리가 있어 보인다. 왜냐하면, 채점 기준에 임의적으로 설정된 평가 요소들의 합이 곧 영어 말하기 능력이라는 전제의 설득력이 현저히 떨어지기 때문이다.

배점을 살펴보면 창의성을 평가하는 내용 요소의 비율이 만점의 약 50%를 차지하고 있는데, 이는 이 채점 기준이 영어 말하기 능력과 창의성의 연관성을 매우 높게 가정하고 있음을 보여 준다. 창의성과 영어 말하기 능력의 관계에 대한 명확한 근거가 없는 상황에서 이러한 배점 비율은 분명 문제가 있다. 또한, 위의 영어 말하기 평가 채점 기준표는 발음과 메시지 전달력을 평가하는 말하기 능력에 대한 배점보다는 창의성을 강조하는 내용 요소와 시선 처리 등을 평가하는 발표 태도에 상대적으로 많은 배점을 할당하고 있다. 이러한 비율 설정과 가중치 부여의 근거가 무엇인지, 이 점수의 합산으로 도출된 만점이 이 평가가 궁극적으로 측정하고자 하는 영어 말하기 능력을 정말 잘 나타내고 있는지를 고려해 보았을 때 위의 채점 기준은 여러 가지로 문제가 있어 보인다.

앞선 그래픽 오거나이저 사례와 방금 살펴본 영어 말하기 수행평가 채점 기준은 수업과 평가에 있어서 교사가 반드시 짚고 넘어가야 할 이슈를 던져 주고 있으며, 이는 타당도의 문제로 귀결된다.

2) 평가에 있어서의 타당도

앞에서 타당도의 개념을 '평가도구가 정말 평가하고자 하는 바를 평가하고 있는지의 정도'라고 아주 간략하게 소개했다. 교사 J의 사례와 영어 말하기 수행평가 채점 기준표를 통해 타당도 이슈가 무엇을 의미하는지 대충 감을 잡았을 것이다. 그러나 현장에서 타당도 개념을 좀 더 적확하게 적용하기 위해서는 이에 대한 자세한 이해가 필수적이다.

타당도는 평가 결과에 대한 해석이 얼마나 유의미한가와 연관된다. 다시 말해, 영어 말하기 능력을 측정하기 위한 평가에서 한 학생이 높은 점수를 받았을 때, 그 학생의 영어 말하기 능력이 높다고 말하는 것이 객관적으로 정당하다면 비로소 그 평가의 타당도가 높다고 말할 수 있다. 평가에서의 타당도는 다음의 3가지로 나눠 볼 수 있다.

① 내용타당도(Content Validity)

평가가 배운 내용을 제대로 반영하고 있는지의 정도를 말한다. 예를 들어, 평가의 목적이 1단원부터 3단원까지 학습한 문법 항목에 대한 이해도를 측정하는 것이라면 1단원부터 3단원까지의 문법 내용이 골고루 평가에 반영되어 있어야 한다. 만약, 평가도구가 1단원의 내용만 지나치게 많이 다루고 2, 3단원의 문법 내용을 상대적으로 덜 다루고 있다면 내용타당도가 떨어진다고 볼 수 있다. 앞에서 말한 것처럼 타당도는 평가 결과에 대한 해석이 유의미한 정도이다. 2, 3단원의 문법 내용이 1단원의 문법 내용보다도 적게 반영된 평가 점수를 가지고 1단원부터 3단원까지의 문법 내용 전체에 대한 이해도라고 해석하는 것은 타당하지 않으며, 그 결과 해석의 유의미성이 떨어진다.

② 준거 타당도(Criterion Validity)

준거 타당도는 두 가지로 나뉜다. 하나는 같은 능력을 측정하지만 이미 타당도가 입증된 다른 공신력 있는 평가와 비교해 보는 '동시적 타당도concurrent validity'이다. 예를 들면, 영어 말하기 평가에서 고득점을 받은 학생이 비슷한 수준의 공인 영어 말하기 시험(신뢰도와 타당도가 입증된)에서도 고득점을 받았다면 해당 영어 말하기 평가의 동시적 타당도는 높다고 볼 수 있다. 다른 하나는 '예측 타당도predictive validity'이다.

예를 들어, 대학수학능력시험에서 고득점을 받은 학생이 대학에서도 좋은 학점을 받았다면 대학수학능력시험의 예측 타당도는 높다고 할 수 있다.

③ 구인타당도(Construct Validity)

구인construct은 평가에서 측정의 대상이 되는 능력 또는 눈에 보이지 않는 심리적 특질psychological trait을 말한다. 좀 더 쉽게 이야기하자면 교사들이 평가에서 측정하고자 하는 대상이 바로 '구인'이다. 예를 들어, 영어 말하기 능력, 영어 쓰기 능력, 창의성, 사고력 등과 같은 것들이 구인에 해당한다. 이러한 구인들은 우리가 그 심리적 존재를 가정하고는 있으나 외적으로 드러나는 것이 아니기 때문에, 교사들은 특정 평가 과제를 제시함으로써 학생들로부터 관찰 가능한 수행을 이끌어 내고, 이를 통해 측정하고자 하는 구인을 추론한다. 그렇다면 구인타당도가 의미하는 것은 무엇일까? 구인타당도는 그 구인의 설정이 명확하여 평가 결과 또는 점수에 근거하여 측정하고자 하는 능력에 대해서 해석이나 추론을 하는 것이 타당한 정도를 뜻한다. 구인의 설정이 명확하다는 것이 왜 타당하고 유의미한 결과 해석의 기반이 될까? 예를 들어, 어떤 영어 말하기 수행평가에서 영어 말하기 능력이라는 구인이 임의로 정의되었으며 해당 평가의 채점 기준에 창의성, 협동심 등이 포함되었다고 가정해 보자. 이 평가에서 고득점을 받은 학생의 점수에 기초하여 해당 학생의 영어 말하기 능력이 높다고 해석하거나 추론하는 것이 타당한가? 타당하지 않다. 구인의 설정이 명확하다는 것은 구인의 정의에 대한 근거가 분명해야 한다는 의미이다. 창의성과 협동심은 학생들에게 꼭 가르쳐야 하는 요소임에 틀림없지만, 그렇다고 해서 그것들이 영어 말하기 능력의 구인으로 정당화될 수는 없다. 설령 교과협의회에서 측정하고자 하는 구인의 정의에 관해 동교과 교사들이 민주적 합의를 했다고 해도 이를 뒷받침해 주는 이론적 근거가 충분하지 않다면 구인타당도의 측면에서는 설득력이 떨어진다고 볼 수 있다. 즉, 임의적이고 직관적으로 구인을 정의하는 방식은 평가 도구의 구인타당도를 현저히 저해한다.

앞선 J의 사례로 잠시 돌아가 보자. J가 고민하던 지점은 어떤 타당도와 특히 관련이 있을까? J의 고민은 특히 구인타당도의 문제와 관련이 있다. J는 '그래픽 오거나이저'라는 활동이 요구하는 능력, 즉 구인에 대해서 깊이 생각해 보지 않았다. 가르치고자 하는 것, 즉 특정 구인을 수업의 목표로 정했다면 그 구인을 근거와 이론에 기반하여 명확하게 정의한 뒤 이를 효과적으로 가르칠 수 있는 활동들을 설계했어야 한다. 이러한 과정이 생략된 상태에서 고안된 수업이나 평가는 다음과 같은 근본적 질문에 직면하게 된다.

"선생님, 그런데 색칠하는 능력하고 영어 읽기 능력이
관계가 있나요?"

타당도, 어떻게 높일 것인가?

1) 객관성에 대한 지나친 부담감 내려놓기

학교 현장의 교사들이 타당도 높은 수행평가를 실시하지 못하는 가장 큰 이유 중 하나는 객관성에 대한 심리적 부담감이다. 교사들은 이러한 심리적 부담감 때문에 평가의 타당도보다 객관성 제고 방안에 대해 더 고민하게 된다. 영어 말하기 수행평가에서 학생들에게 10개의 문장을 미리 나눠 주고 평가 당일에 10개 중 몇 개의 문장을 정확하게 외웠는지 확인한 후 점수를 부여했다면 해당 평가를 좋은 평가라고 볼 수 있을까? 객관적인 평가일 수는 있지만 타당한 평가라고 보기는 어려울 것이다. 점수를 부여하는 과정은 매우 객관적이지만, 문장을 단순히 외워 정확하게 회상하는 정도를 영어 말하기 능력이라고 보기는 어렵기 때문이다. 이처럼 평가의 객관성에 대한 과도한 고민은 타당도를 저해하는 요소가 된다.

서민원(2016)은 수행평가의 개념과 방법적 원리로 다음과 같은 것들을 제안하였다.

① 타당도를 중시하는 평가
② 상대적 진리관에 기반한 평가
③ 평가자의 전문성을 중시하는 평가

객관성이 전혀 필요 없는 것은 아니지만 수행평가에서는 타당도가 상대적으로 더 중요하다. 이러한 이유로 수행평가를 '참평가^authentic assessment'라고 부르는 것이다. 따라서, 객관성을 담보하기 위해 타당도를 포기하는 것은 수행평가의 본래적 취지에 맞지 않는다.

서민원(2016)은 "수행평가는 객관적 지식관이 아니라 상대적 진리관 또는 간주관적 지식관에 기반을 두고 있기 때문에 학생 개인의 맥락을 고려하여 현상학적으로 학생의 역량을 판단하고 평가하는 것이 중요하다."라고 했다. 이처럼 수행평가는 외부의 절대적 진리나 지식을 학생이 얼마나 있는 그대로 받아들였는지를 평가하기보다는 학생 스스로가 구성한 지식을 맥락 속에서 평가하는 것을 중요시한다.

수행평가의 인식론적 뿌리가 구성주의에 있기 때문에 수행평가에서의 객관성은 자연과학적인 엄밀성이나 정확성과는 구분하여 이해해야 한다. 그럼 수행평가에서는 객관성이 필요 없다는 이야기인가? 그렇지 않다. 수행평가에서의 객관성은 '간주관적인 객관성'이다. 수행평가에서 모든 학생은 자신만의 맥락적 지식을 구성하고, 교사는 이것을 평가한다. 옳고 그름의 이분법적 잣대로 표준화된 점수를 주는 것이 아니라, 교사와 학생의 주관이 일치하는 지점에서 비로소 객관적인 평가가 이뤄지는 것이다. 교사는 교수학습과 평가를 직접 설계하고 진행하기 때문에 학생이 구성한 다양한 양태의 지식과 교점을 형성할 수 있는 중심을 잡고 있다. 교사와 학생의 주관이 만나는 지점, 즉 간주관적인 영역에서 평가가 이뤄지고 교사의 전문성에 의해서 객관성이 확보될 수 있는 것이다. 간주간적인 영역에서의 평가는 서민원

(2016)의 이야기처럼 현상학적이다. 수행평가의 과정이 질적이고 정성적인 측면을 반영한다는 이야기다. 따라서, 수행평가에서 추구해야 하는 객관성은 표준화 시험이 추구하는 정량적이고 환원론적인 객관성과는 구분되어야 한다.

표준화 평가나 선택형 지필평가의 경우, 평가도구 자체가 객관성을 담보해 주지만 수행평가의 경우에는 평가를 설계하고 시행하는 교사의 전문성이 매우 중요하다. 간주관적인 객관성은 실제 수행평가 장면에서는 '애매함'이나 '모호함'으로 나타나기 때문이다. 이 지점은 이의 제기의 소지가 될 수도 있고, 교사 자신에게도 찝찝함으로 남는다. 이는 수행평가를 하면 자연스레 직면하게 되는 문제이다. 그러나, 이러한 상황을 원천봉쇄하기 위해 타당도를 담보로 객관성을 높인 수행평가를 하는 것은 시대적 흐름에 역행하는 것이며 교육적으로도 바람직하지는 않다. 간주관적인 영역에서 필연적으로 마주치게 되는 '애매함'과 '모호함'을 슬기롭게 극복할 수 있도록 교육적 감식안을 더욱 예리하게 만드는 것이 중요하다. 간주관적인 측면의 객관성 담보 방안에 대해서는 뒤에서 더 논의하기로 한다.

2) 구인타당도 확보하기

구인타당도 확보의 첫 단계는 특정 구인이 무엇을 의미하는지 분명하게 하는 일이다. 이를 위해서는 교육과정, 관련 논문, 공신력 있는 평가의 채점 기준 등을 종합적으로 살펴봐야 한다. 그럼 이 세 가지 자료를 바탕으로 구인타당도를 어떤 식으로 확보할 수 있는지, 채점 기준을 구인타당도의 관점에서 어떻게 비평할 수 있는지 영어 말하기 평가의 사례를 통해 살펴보자.

① 교육과정 살펴보기

2015 개정 영어과 교육과정에서 평가 방법 및 유의 사항을 살펴보면, 영어 말하기 평가의 구인타당도 확보와 관련한 단서들을 발견할 수 있다.

첫째, 말하기 평가 시에는 원어민과 같은 발음보다는 이해 가능한intelligible 발음인지를 평가하는 기준을 적용할 수 있다.

둘째, 말하기 평가를 위한 채점 척도는 일반 말하기 평가 원리에 의한 척도를 응용하거나, 과업에 고유한 척도를 별도로 만들어 사용할 수 있다.

셋째, 말하기 평가는 학습자 수준과 과업에 따라 유창성과 정확성을 추구하는 채점 기준을 적절히 응용할 수 있다.

넷째, 말하기 평가는 학습자 수준과 과업에 따라 분석적 채점과 총괄적 채점을 적절히 사용한다.

일단, 교육과정이 제시하는 발음의 조작적 정의를 확인할 수 있다. 이에 근거하여 영어 발음은 원어민 기준nativelikeness으로 평가하지 않고 이해 가능성intelligibility의 측면에서 평가해야 한다. 영어 말하기 평가 채점 기준에 발음이 들어간다면 교육과정이 제시하는 발음의 정의를 그대로 활용할 수 있을 것이다.

두 번째는 채점 척도에 관한 내용이다. 교육과정은 일반 말하기 평가 원리에 의한 척도 응용과 과업 특수적 채점 척도의 사용을 허용하고 있다. 이를 근거로 공신력 있는 평가들이 영어 말하기 능력을 어떻게 바라보고 있는지 확인하여 평가에 준용할 수 있을 것이다.

세 번째 항목은 말하기 능력의 하위 구인과 관련 있다. 교육과정은 정확성과 유창성을 말하기 능력의 하위 구인으로 정의하고 있다. 이를 근거로 말하기 평가 채점 기준에 정확성과 유창성을 포함시킬 수 있을 것이다.

네 번째 항목은 채점 기준의 구성 방식과 관련 있다. 특정 구인에 대해 분석적 채점이 불가능하다면 총괄적 채점을 할 수 있다고 명시되어 있다. 분석적 채점 기준을 마련하는 것이 불가능하거나 조악하다고 여겨진다면 이를 근거로 총체적 채점 기준을 마련할 수도 있을 것이다.

이해를 돕기 위해 2015 개정 수학과 교육과정의 예를 하나 더 살펴보자. 수학 교과 역량 중에는 '추론'이라는 항목이 있다. 추론을 평가하고 싶다면 교육과정에서 추론을 어떻게 정의하고 있으며 그 하위 요소로 무엇을 설정하고 있는지 확인해야 한다. 2015 개정 수학과 교육과정은 '추론'이라는 구인에 대한 정의와 그 하위 요소를 다음과 같이 명확하게 제시하고 있다.

교과 역량	의미	하위 요소
추론	수학적 사실을 추측하고 논리적으로 분석하고 정당화하며 그 과정을 반성하는 능력	관찰과 추측, 논리적 절차 수행, 수학적 사실 분석, 정당화, 추론 과정의 반성

[수학 교과 역량 중 추론의 정의와 하위 요소]

　모든 교과의 교육과정 각론이 영어나 수학과와 동일하게 구성되어 있지는 않을 것이다. 그럼에도 불구하고 구인타당도를 확보하는 첫 단계에서 할 일은 각론을 꼼꼼하게 살펴보고 분석하는 일이다.

② 관련 논문 살펴보기

　영어 말하기 구인과 관련한 논문을 찾아보면, 구인의 이론적 모형은 일반적으로 아래와 같은 형태로 제시된다. 그림에서 제시한 말하기 능력에 대한 이론적 모형을 간단히 해석해 보면 말하기 능력(구인)은 세 가지의 하위 지식으로 구성된다.

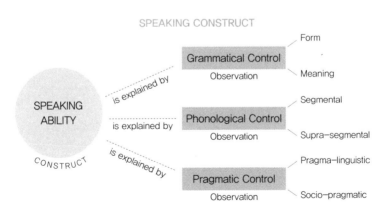

[영어 말하기 능력에 대한 이론적 모형 예시]

첫째, 문법적 지식^{Grammatical Control}으로 형태와 의미에 관한 지식을 모두 포함한다.

둘째, 음운론적 지식^{Phonological Control}으로 분절자질(개별 음소)과 초분절자질(억양)에 대한 지식을 모두 포함한다.

셋째, 화용론적 지식^{Pragmatic Control}으로 화용언어적 지식과 사회화용적 지식을 포함한다. 영어 교사가 아니라면 여기에 제시된 세부적인 내용을 전부 이해할 필요는 없다. 다만, 구인의 이론적 모형이 논문 등에서 어떤 형태로 제시되는지를 알면 된다. '(알고자 하는 구인) 척도의 개발 및 타당화' 정도로 검색을 해 보면 많은 학술 자료들을 쉽게 찾을 수 있다.

③ 공신력 있는 평가의 채점 기준 살펴보기

영어 말하기의 경우 공신력을 인정받은 타당한 표준화 평가도구들이 상대적으로 많은 편이다. 예를 들면 텝스 스피킹, 토플iBT 스피킹, 아이엘츠 스피킹 평가가 여기에 해당한다. 관련 말하기 평가의 채점 기준을 살펴봄으로써 공신력 있는 평가들이 영어 말하기 구인의 평가 항목으로 무엇을 설정하고 있는지 참고할 수 있다. 여기서는 텝스의 채점 방식과 아이엘츠 스피킹의 밴드 디스크립터^{band descriptor}를 예시로 살펴보고자 한다.

평가 항목	세부 평가 항목
유창성 (Fluency)	자모음, 강세, 억양 등 발음 이해도(comprehensibility)는 어느 정도인가 말의 흐름이 머뭇거림 없이 얼마나 자연스럽게 진행되는가
정확성 (Accuracy)	문법을 얼마나 정확하게 구사하는가 구문을 얼마나 정확하게 구사하는가 구문을 적절히 사용하여 얼마나 자유롭게 생각을 표현하는가
표현력 (Expression)	어휘를 얼마나 정확하게 구사하는가 어휘를 얼마나 다양하게 구사하는가 다양한 형식/장르/상황에 적절한 표현을 얼마나 잘 구사하는가 적절한 스타일을 얼마나 잘 구사하는가
구성력 (Organization)	생각을 명확하고 일관성 있게 표현하고 있는가 생각을 논리적이고 조리 있게 표현하고 있는가 적절한 주장(argument)을 펼치고 있는가 연결사(접속사)를 적절하게 구사하고 있는가

　　텝스 스피킹 채점 방식을 통해 해당 평가가 영어 말하기 평가를 어떤 관점에서 바라보는지 알 수 있다. 텝스 스피킹은 영어 말하기 능력을 유창성, 정확성, 표현력, 구성력의 합으로 바라보고 있다. 세부 평가 항목을 살펴보면 각 하위 요소들이 어떻게 정의되는지도 쉽게 이해할 수 있다. 텝스 스피킹 평가는 유창성을 발음의 이해 가능성과 머뭇거림의 정도로 정의하고 있다. 이러한 지점들은 단위 학교 평가에서도 충분히 준용이 가능한 지점이다.

(* 출처 : https://www.ielts.org/-/media/pdfs/speaking-band-descriptors.ashx?la=en)

Band	Fluency and coherence	Lexical resource	Grammatical range and accuracy	Pronunciation
9	• speaks fluently with only rare repetition • speaks coherently with fully appropriate cohesive features • develops topics fully and appropriately	• uses vocabulary with full flexibility and precision in all topics • uses idiomatic language naturally and accurately	• uses a full range of structures naturally and appropriately • produces consistently accurate structures apart from 'slips' characteristic of native speaker speech	• uses a full range of pronunciation features with precision and subtlety • sustains flexible use of features throughout • is effortless to understand

위 표를 보면 아이엘츠 스피킹의 경우 영어 말하기 능력을 유창성과 일관성fluency and coherence, 어휘력lexical resources, 문법적 범위와 정확성grammatical range and accuracy, 발음pronunciation의 합으로 정의하고 있다.

디스크립터를 읽어 보면 각 요소들이 무엇을 의미하고 있는지도 알 수 있다.

④ 구인타당도 점검을 위해 던져 볼 수 있는 질문들

다음에 제시된 영어 말하기 평가 채점 기준표를 구인타당도의 관점에서 비평한다면 몇 가지 질문들을 던져 볼 수 있다.

평가 단원	Lesson.7 Technology in Our Lives	평가 방법	프레젠테이션
성취기준			
교과 핵심역량	자기 관리 역량, 영어 의사소통 역량, 공동체 역량, 지식정보처리 역량		

성취기준 셀 내용:

[9영02-01] 주변의 사람, 사물, 또는 장소를 묘사할 수 있다.
[9영02-02] 일상생활에 관한 자신의 의견이나 감정을 표현할 수 있다.
[9영02-06] 주변의 사람, 사물에 대해 묻거나 답할 수 있다.
[9영02-08] 개인 생활에 관한 경험이나 계획에 대해 묻거나 답할 수 있다.
[9영02-09] 일상생활에 관한 일이나 사건의 순서, 전후 관계에 대해 묻거나 답할 수 있다.
[9영02-10] 일상생활에 관한 일이나 사건의 원인과 결과에 대해 묻거나 답할 수 있다.

평가 요소			채점 기준	배점	만점
Speaking	정확성		발화 시 적절한 어휘와 정확한 문법을 풍부하게 사용하여 의미를 잘 전달함.	2	10
			발화 시 어휘나 문법 사용에 일부 오류가 있으나 의미 전달을 방해하지 않음.	1	
			발화 시 어휘와 문법 사용에 오류가 많아 의미 전달을 방해함.	0	
	이해 가능성	발음	발화 시 정확하고 자연스러운 발음으로 의미를 잘 전달함.	2	
			발화 시 의미 전달을 방해하는 발음 오류가 일부 문장에서 나타남.	1	
			발화 시 의미 전달을 방해하는 발음 오류가 대부분의 문장에서 나타나며 이해하기 어려움.	0	
		유창성	발화 시 머뭇거림 없이 매끄럽고 자연스럽게 의미를 잘 전달함.	3	
			발화 시 일부 머뭇거림이 있지만 의미 전달을 방해하지 않음.	2	
			발화 시 많거나 잦은 머뭇거림으로 말의 흐름이 끊김.	1	
			응답하지 않음.	0	
	과업 조건		과업 조건을 모두 충족함.	3	
			과업 조건을 대체로 충족함.	2	
			과업 조건을 일부 충족함.	1	
			과업 조건을 전혀 충족하지 않음.	0	
합계				10점	
피드백			쌍방향 소통 도구 또는 1대1 대면 컨퍼런스를 활용하여 개별화된 맞춤형 피드백을 제공함.		

가) 측정하고자 하는 구인은 무엇인가?

나) 영어 말하기 능력의 평가 하위 요소로 무엇을 설정하고 있는가?

다) 위와 같이 설정한 근거는 무엇인가?

라) 각각의 평가 하위 요소를 어떻게 정의하고 있으며 그 근거는 무엇인가?

마) 평가 요소별 배점의 근거는 무엇인가?

자신이 만든 채점 기준표를 스스로 점검하거나 동료의 채점 기준을 검토할 때 위에서 제시한 5가지 질문을 던져 봄으로써 평가도구의 구인타당도 검증이 어느 정도는 가능하다. 위의 5가지 질문에 대한 답을 교과협의회에서 동료 교사들과 함께 고민해 보고 학기초에 작성하는 평가 계획에 '구인타당도 확보 방안'을 함께 기술하는 것도 좋은 방법이 될 것이다.

3) 간주관성 영역에서 객관성을 확보하기 위한 방안

앞서 수행평가에서의 객관성은 '간주관성'에 있다고 언급한 바 있다. 109쪽 상단의 그림을 보면 간주관성 영역에서의 객관성이 무엇을 뜻하는지 좀 더 쉽게 이해할 수 있다.

그림을 보면 각 학생과 교사가 교집합을 형성하는 부분이 있다(학생 D의 상황은 용인되지 않는 수준의 반응이 나온 경우). 이 부분이 바로 간주관이 형성되는 지점이며 수행평가의 채점이 이뤄지는 영역이다. 획일적인 정답을 전제하고 있는 전통적 지필평가와는 달리, 수행평가는 학생의

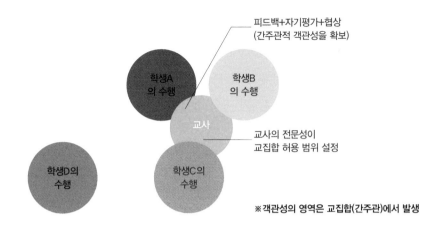

피드백+자기평가+협상
(간주관적 객관성을 확보)

학생A
의 수행

학생B
의 수행

교사

교사의 전문성이
교집합 허용 범위 설정

학생D의
수행

학생C의
수행

※객관성의 영역은 교집합(간주관)에서 발생

[수행평가 채점 상황에서의 간주관적 객관성]

반응이 매우 다양하게 나올 수밖에 없다. 구성주의를 인식론적 기반으로 하는 수행평가의 철학적 뿌리를 고려해 보았을 때 이는 자연스러운 현상이다. 이러한 상황을 인정하고 교집합 지점, 즉 간주관성의 영역에서 객관성을 확보할 수 있는 방안이 무엇인지 고민해 봐야 한다. 다음의 4가지 교수학습 전략이 도움이 될 것이다.

첫째, 수행평가 채점 기준을 사전에 공개하고 학생들이 이를 충분히 내면화할 수 있도록 자세하게 설명해 주는 것이 좋다. 수행평가 채점 기준은 어느 정도의 모호성을 지니므로, 만점의 기준이 되는 실제 수행 결과 예시를 제시해 주고 만점을 받은 이유를 설명해 준다면 채점 기준의 내면화에 큰 도움이 된다.

둘째, 피드백을 충분히 해 주는 것이 좋다. 학생들이 수행평가를 준비하는 과정에서 방향성을 잘못 잡고 있다면 피드백을 통해 올바른 방향으로 이끌어 가야 한다. 충분한 피드백을 받은 학생은 자신의 평가 결과가 매우 객관적이라고 생각할 가능성이 높다. 피드백을 충분히 제공하는 것은 과정중심평가가 궁극적으로 지향하고 있는 바이자, 여기서 말하고자 하는 핵심 내용 중 하나인 '간주관적 영역에서의 객관성' 제고를 위한 교수학습 전략이기도 하다.

셋째, 대안적 평가인 자기평가와 동료평가를 도입하는 것도 좋은 방법이다. 최종 점수를 부여하기 전 학생 스스로 채점 기준에 근거해 자신의 산출물을 평가해 보도록 하면 학생들은 보다 객관적으로 자신의 수행 결과에 대해 성찰하게 된다. 서술적 형태의 동료평가 결과를 함께 제시해 주면 자기 객관화와 성찰에 도움이 된다.

[영어 말하기(프레젠테이션) 자기평가 예시]

6. 22. 오전 11:58

목소리는 크고 또박또박 이야기 해주고 자료를 잘 활용해주어서 이해하는 데에는 문제가 없었다! 하지만 대본에 너무 의존한 것이 아쉬웠다 ㅠㅠ 가운데로 나와서 발표했으면 더 좋았을 것 같다.

6. 22. 오전 11:58

대본에 의존도가 많이 높았던 점이 아쉬웠지만 목소리도 알아듣기 좋게 컸고 자료도 간단한 사진들로 보기 좋았다.

6. 22. 오전 11:58

큰 목소리로 말해서 발표 내용이 잘 전달되었다. 대본에 조금 많이 의존한 점이 아쉽지만 시각자료도 잘 활용하고 내용(특히 자신의 아이디어 부분)이 꽉 차 있어서 좋았다.

6. 22. 오전 11:58

자신감 있게 발표한 게 좋았고 대본만 보고 말하는 게 아쉽다.

6. 22. 오전 11:58

목소리가 커서 듣기 좋았고 피피티도 잘 정리되어 보기 좋았다. 하지만 대본을 조금 자주 보는 부분이 아쉬웠다.

6. 22. 오전 11:58

대본을 중간중간 보았지만 발음을 잘 했고 자료들도 깔끔했다~

6. 22. 오전 11:58

자료를 적절하게 사용해서 좋았다. 목소리를 크게 말해서 잘 들렸고 또박또박 말해서 듣기 좋았다.

6. 22. 오전 11:58

ppt를 잘 활용했다 대본 의존도가 높은게 조금 아쉬웠다

[영어 말하기(프레젠테이션) 동료평가 예시]

넷째, 학생들이 자기평가 결과를 제출한 경우에만 교사가 채점한 점수와 최종 피드백을 환류해 주고 조건부 협상에 임한다. 학생들이 스스로 평가한 결과와 교사의 평가 결과 사이에 심한 간극이 있다면 조정과 협상의 과정에 응하여 이유를 충분히 설명해 주는 것이 좋다.

타당도에서 아쉬운 지점이 발견된다면?

앞서 영어 교사 J의 사례로부터 출발하여 타당도가 무엇이며 타당도를 확보하기 위해서 어떤 노력을 기울여야 하는지 영어과의 예시

중심으로 자세히 살펴보았다. 기억이 사라지기 전에 자신이 만든 평가 계획과 동료 교사의 평가 계획을 살펴보고 타당도의 관점에서 비평해 보는 것은 어떨까? 분명 새롭게 보이는 것들이 있을 것이다.

타당도와 관련하여 아쉬운 지점을 발견했다면 차근차근 하나씩 바꿔 나가면 된다. 첫술에 배부를 수는 없는 법이고, 교육과 관련해서는 획일적인 정답이 없다.

> "모든 사람은 천재이다.
> 그러나 만약 당신이 물고기를 산에 오르는 능력을 가지고 평가한다면
> 물고기는 평생 자신이 멍청하다고 믿으면서 살아갈 것이다."

타당도와 관련하여 깊은 깨달음을 주는 알베르트 아인슈타인의 말이다. 여기서 자세히 다루지 못한 내용에 관해서는 다음 4편의 논문들을 참고하면 타당화와 관련된 전문성 제고에 큰 도움이 될 것이다.

1) 문항의 목표 준거와 학습자 실제 반응의 불일치에 관한 논문

이미미, 홍선이(2010). 한국사능력검정시험 문항 풀이 과정 분석을 통한 역사 선다형 문항 개선 방향 탐색. 교육과정평가연구, 22(3), 251-278.

역사적 사고력을 목표 준거로 표방하는 문항을 풀 때 수험자들이 해당 목표 준거에 명시되지 않은 수험 전략이나 추론을 활용하고 있

다는 내용을 다루고 있다. 문항 출제 및 평가의 타당도와 관련하여 시사점을 얻을 수 있을 것이다.

2) 창의성과 융합 역량 타당화에 대한 논문

김은경, 한윤영(2019). 대학 교양교육에서의 창의, 융합 역량 학습성과 루브릭 개발. 교양교육연구, 13(6), 497-519.

창의 역량 및 융합 역량을 측정하는 루브릭을 타당화하는 절차를 소개하고 있다. 어떤 과정을 거쳐 평가 요소가 타당화되는 것인지 이해하는 데 도움이 될 것이다. 특히, 창의성이나 융합 역량의 하위 요소를 참고할 때 유용하다.

3) 측정 도구 제작 및 타당화 절차에 관한 논문

김준구, 이은상, 오유진(2018). 교육공동체의 핵심가치·역량 측정을 위한 척도 개발 및 타당화 연구. 학습자중심교과교육연구, 18(20), 517-544.

교과목이 다른 현직 교사 3명이 직접 집필한 논문으로 단위 학교에서 사용할 측정 도구 개발의 과정이 상세하게 담겨 있다. 이 논문은 특정 교과의 평가도구 개발과 직접적으로 관련되어 있지는 않지만 학생들을 대상으로 한 측정 도구 개발을 다루고 있다는 점에서 타당화의 과정에 대해서는 참고할 만하다. 논문에 소개된 과정을 참고하여 직접

타당화를 시도해 보는 것도 가능할 것이다.

4) 공신력 있는 평가의 타당화 검증에 관한 논문

임의진, 전희성, 윤정민, 민선홍(2019). 개정 TEPS 구인타당도 검증. 어학연구, 55(S), 17-36.

타당도와 신뢰도가 검증된 표준화 시험의 타당도 검증 과정을 자세히 살펴볼 수 있다. 공신력 있는 평가도구가 기존의 이론을 어떻게 반영하고 구인타당도를 검증하는지 이해하는 데 도움이 될 것이다.

각 과목의 교사들은
타당도를 어떻게 생각할까?

타당도와 관련하여 영어 이외의 다른 교과목 교사들은 어떤 생각을 가지고 있는지 알아보기 위해, 타당도를 주제로 대화을 나누었다. 대화에 참여한 교사들은 모두 중학교에 근무하는 교사이며, 과학, 수학, 사회, 국어 과목을 지도하고 있다.

진행자 : 타당도에 대해서 선생님들과 자세히 이야기해 보고 싶은데요. 선생님 교과에서 타당도를 저해하는 요인이 뭐라고 생각하세요?

안영석(수학) : 수학과의 경우 '변별'이라고 생각해요. 변별 때문에 타당도가 저해되는 경우가 많아요. 지엽적인 부분을 물어봐야 하거든요.

진행자 : '무한대'라는 수학 지식을 평가할 때 무한대 개념을 활용한 영화 만들기 같은 수행평가에 대해서는 어떻게 생각하세요?

안영석(수학) : 수행평가 도입 초기에 왜곡이 발생한 것 같아요. 왜 하는지에 대한 고민이 이뤄지기 전에 사례들이 먼저 유행처럼 퍼지면서 그런 유형의 평가들이 대표성을 띄게 된 거죠. 수행평가를 왜 하는지 모른 채로 시를 쓰거나 영화를 만들면 그게 수행평가라고만 생각하게 된 거예요. 사실 지금 그런 유형의 평가가 보편적이라고 보기는 힘든 상황이긴 한데요, 수학과의 경우 학생들에게 어떤 퍼포먼스를 끌어내는 게 맞는지 고민이 많은 게 현실이긴 합니다.

진행자 : 수학과의 경우 지필형 수행평가가 가장 타당한 평가라고 생각하시는 건가요?

안영석(수학) : 그렇게 생각합니다. 실제로 수행하는 것과 종이에서 하는 것 사이에 차이가 없다면 굳이 실제로 하게 해야 하는 건가 싶어요. 그래도, 실제성을 부여하기 위해서 맥락성을 함께 제시하는 형태의 지필형 과제를 선호합니다.

진행자 : 스토리텔링형 수학 문제 같은 경우에는 언어 능력의 개입이 가능해 보이는데요. 이런 문제에 대해서는 어떻게 생각하세요?

안영석(수학) : 좋은 질문인데요. 저는 맥락 자체를 수학적으로 해석할 수 있는 것도 수학적 능력이라고 생각하거든요. 이런 걸 '수학화'라고 하는데요. 그래서 그런 유형의 문제를 더 강조해야 한다고 생각해요.

한얼(국어) : 그런 상황이 정당화되려면 해당 학년에서 요구하는 언어 능력과 스토리텔링형 수학 문제에서 요구하는 언어 능력이 조율될 필요가 있어요. 아이 수학 문제를 도와줄 때 보니, 수학 문제 자체는 어렵지 않은데, 스토리텔링을 위해 사용된 말들이 어려운 경우가 많더라고요.

안영석(수학) : 그 점은 반드시 고려가 되어야 할 것 같네요.

진행자 : 국어과는 어떤가요?

한얼(국어) : 국어과의 경우 타당도를 지나치게 고려할 경우 기계적인 채점만 이뤄질 수 있어요. 시를 창작했는데 성취기준이 비유와 상징의 표현 효과에 대한 것이면 시 자체를 평가하는 것에 대해 고민이 되긴 합니다. 피겨 스케이팅에서 기술 점수 외에 예술 점수를 반영하는 것처럼 그런 게 좀 필요한 것 같아요.

진행자 : 피겨스케이팅 예시는 정말 공감이 가네요. 사회과는요?

이은상(사회) : '이해'라는 성취기준이 있을 때 그 평가 요소의 하위 요인을 어떻게 만들지가 애매해요. 훈령에는 중요한 것을 평가하라고 되어 있는데, 교사마다 중요하다고 생각하는 게 다르기도 하고 단위 학교의 맥락성 같은 게 여기에 많은 영향을 줄 수 있거든요. 예를 들면, 참여도 같은 게 채점 기준에 들어가 있는 경우가 있는데 이런 경우는 교육과정이 강조하는 것보다 단위 학교의 문화가 더 강하게 작용한 사례가 아닌가 생각합니다.

한얼(국어) : 국어과의 경우 글쓰기를 할 때 분량이 들어가는 경우가 거기에 해당되는데요. 특히, 학생들의 학습 역량이 떨어진다고 판단되는 경우 분량이 점수에서 차지하는 비중이 커지는 것 같아요. 이렇게라도 안 하면 학생들이 잘 안 할 거라고 생각하기 때문에 그렇겠죠.

진행자 : 또 다른 타당도 저해 요인들이 있을까요?

안영석(수학) : 공신력 있는 평가가 있다면 참고하기에 좋을 것 같은데, 그전에 수학을 잘한다는 것이 어떤 능력을 갖추어야 하는 것인지는 이야기해 볼 필요가 있다고 생각합니다. 그래야 그 능력에 해당하는 타당도의 하위 요소들을 생각해 볼 수 있을 것 같아요.

진행자 : 공신력 있는 평가가 없더라도 이와 관련해서 찾아볼 자료들은 여전히 많다고 생각해요. 그리고 그동안 교과협의회의 민주적 합의를 근거로 너무 많은 것을 정당화하지는 않았는지 성찰해 볼 필요도 있다고 생각하거든요. 민주적 합의가 객관적 근거의 부재를 모두 정당화해 주지는 못하기 때문에 교과협의회에서도 객관적 근거 마련을 위해 좀 더 노력해야 하지 않을까 생각합니다. 특히, 평가도구의 타당화와 관련해서는 객관적 근거 마련이 더욱 중요하다고 봐요.

이은상(사회) : 좀 보태면 역량이라는 게 들어오면서 타당도를 더 왜곡하게 된 건 아닌지 모르겠어요. 교육과정과 역량의 관계 자체가 명확하게 정립

되지 않은 상태에서 역량을 평가에 반영하면서 현장에 혼란이 많이 초래되지 않나 싶거든요. 그리고 수업에서는 교육과정과 직접적으로 연관되지 않은 것들도 다룰 수 있다고 보는데, 과정중심평가를 한다는 이유로 그런 부분들까지 모두 평가가 되다 보니 타당도가 저해되는 지점도 있다고 생각해요.

진행자 : 타당도 저해 요인에 대해서 잘 들었습니다. 선생님들이 타당도 제고를 위해서 어떤 노력들을 하셨는지도 궁금하거든요. 여기에 대해 말씀 좀 부탁드립니다.

한얼(국어) : 저는 성취기준을 열심히 보는 것 말고는 없었던 것 같아요. 어쨌든 성취기준에 근거해서 하자는 생각이 강했어요. 그런데 철저히 성취기준에 근거해서 평가할 때 수준을 나누는 것이 조금 어려웠어요. 물론 변별을 꼭 해야 하는 것은 아니지만 어쨌든 그게 좀 어려워요. 거의 다 만점으로 수렴되다 보면 완전학습이 이뤄졌다고 생각하기는 하지만 정말 그렇게 된 건가 싶은 생각을 하게 되는 거죠.

이은상(사회) : 사실 타당도를 확보하는 게 어려운 미션인 것 같아요. 타당도와 관련한 연구 과정도 보면 전문가의 의견을 묻는 객관적인 과정들이 있는데 학교에서는 그런 검증된 절차를 거치기는 어렵죠. 현장에서는 교사의 신념 같은 것들이 실제로 영향을 많이 주는 것 같고 저도 그렇게 살았던 것 같아요. 논문이나 학생평가 지원포털에 있는 자료들만 잘 살펴봐도 어느 정도 근거를 확보할 수 있지 않나 그런 생각이 듭니다.

진행자 : 과학과는 어떤가요?

김동건(과학) : 과학은 지식이 많이 포함되어 있는 것 같아요. 실험 평가 상황에서도 지식을 측정하기 위한 요소가 많거든요.

진행자 : 그럼 '과학적 사고력이 뛰어나다'와 같은 표현을 사용해서 과목별 세부능력 및 특기사항을 기재해 주려고 한다면 어떤 유형의 구체적 증거를 수집해야 할까요?

김동건(과학) : 전에는 이런 게 과학적 사고력이라고 뇌피셜로 제가 판단하고 썼던 것 같아요.

진행자 : 바로 그 지점이에요. 과학적 사고력이 있다고 판단하게끔 해 주는 명확한 근거가 없으니까 거기서 임의성이 개입하는 게 아닌가 하는 생각이 들거든요. 그러면 결국 그 해석이 교사마다 다르고 학교마다 달라지게 되는 건데 이게 맞는 건가 하는 생각이 들어요.

김동건(과학) : 역량중심 교육과정에서 수업을 하는 교사라면 역량의 하위 요소가 무엇인지 구체적으로 알아야 그 역량이 뛰어난지 아닌지를 제대로 판단할 수 있다고 생각해요. 완벽하지는 않더라도 최대한 구체화시켜 보는 것이 중요하다고 생각해서 조금씩이나마 시도해 보고 있어요. 교육과정이나 관련 논문 등을 참고해서 그런 작업을 했는데, 아쉬운 건 과학과는 공인된 시험이 없다는 점이에요.

진행자 : 모두들 열심히 하고 계시네요. 이제 마지막 질문을 드리겠습니다. 수행평가를 논함에 있어서 객관성에 대해서는 반드시 짚고 넘어가야 할 것 같은데요. 수행평가의 타당도와 객관성이나 신뢰도의 관계에 대해서 어떻게 생각하세요?

한얼(국어) : 교사를 평가 전문가로 인정하고 있다는 전제가 깔린 게 수행평가라고 생각하거든요. 결국 교사의 주관을 바탕으로 하고 있다고 볼 수 있죠. 이런 관점에서 우리가 수행평가를 바라볼 때 사용하는 일반적 의미의 객관성은 조금 잘못되었다고 생각해요. 그래서 저는 수행평가에서는 타당도가 가장 우선시되는 것이 맞다고 봐요. 수행평가라는 게 결국 타당도를 높이려고 하는 평가니까요.

이은상(사회) : 저도 비슷한 의견을 갖고 있는데요. 수행평가에서는 객관성 논의 자체가 질적으로 달라져야 한다고 생각해요. 이건 뭐 사실 고민이나 딜레마인 거 같아요. 우리가 여전히 객관성이 높은 지필평가에 익숙해 있다 보니까 그 시각에서 모든 평가를 바라보고 있는데 이게 좀 문제라고 보거든요. 학생 중심 수업이나 개별화 수업을 했는데 여전히 객관성과 신뢰성이 굉장히 높은 평가를 요구받게 되면 이 평가로 인해서 다른 것들이 모두 발목 잡히는 상황이 벌어지지 않을까 하는 염려가 돼요. 평가도 역시 교육적 흐름이나 성격에 맞게 재해석이 필요하지 않을까 생각하는데 지금 우리 관점 자체가 이를 못 따라가는 측면도 어느 정도 있는 것 같습니다.

안영석(수학) : 어렵네요. 하나를 골라야 한다면 타당도가 중요하다고 생각해요. 평가만 별도로 바라볼 게 아니라 교육의 목적 차원에서 접근하는 게 바람직하다고 보거든요. 그게 아니라면 아무거나 평가해 놓고 좋은 평가라고 말할 수 있지 않을까요?

진행자 : 그렇죠. 문장 암기를 시켜 놓고 이걸로 영어 말하기 능력을 평가했다고 보기는 어렵죠. 개인적으로는 영어 말하기 능력이나 쓰기 능력을 객관식 문항을 통해서 간접평가하는 방식은 객관적이고 신뢰성이 있지만 타당도는 영에 수렴한다고 보거든요. 학교에서는 얼마든지 직접평가가 가능한 상황인데 객관성이나 신뢰도를 높이기 위해 간접평가 방식을 채택한다면 그게 교육적으로 바람직한 방향인지는 모르겠어요.

한얼(국어) : 저는 타당도와 신뢰도가 함께 가지 못하는 거라고 생각하지는 않거든요. 대신 수행평가에서의 객관성을 선택형 문항에서 요구하는 수준으로 바라보면 안 된다는 거죠. 그런 관점만 아니라면 둘은 함께 갈 수 있다고 생각해요.

진행자 : 타당도와 객관성이나 신뢰도 모두 평가에 있어서 아주 중요한 개

념들인데요, 선생님들의 의견을 종합해 보면 타당도가 좀 더 중요하다고 보고 계신 것 같습니다. 상호배타적인 관점이 아니라 수행평가에 있어서는 객관성을 다른 의미로 바라봐야 한다는 의견을 주셨는데요. 수행평가가 별다른 잡음 없이 현장에 잘 안착될 수 있는 토대가 구축되었으면 좋겠다는 생각이 드네요. 타당도와 관련하여 선생님들의 의견 잘 들어 보았습니다.

성취평가제, 점수의 기술
_수학과 사례를 중심으로

점수는 어떻게 주어야 할까?

수학 교사 Y가 근무하는 학교는 최근에 평가와 관련된 민원을 받았다. 옆 반의 학생이 Y가 가르치는 학생에 비해 낮은 수학 점수를 받았다는 것이다. 옆 반은 다른 수학 교사가 가르치고 있는데, 수행평가 문제가 다른 것이 화근이었다. 그 학생은 반마다 수행평가 차이가 있었다고 지적하며 학교 측에 재시험을 요구했다. Y는 학기초 수행평가 문제를 동일하게 출제하자고 제안했지만, 옆 반 담당 교사가 교사별 평가를 이야기하며 거절했었다.

Y는 옆 반 수행평가 문제를 검토했다. 교육과정을 넘어서는 문제가

있는 것은 아니지만, 확실히 본인이 출제한 수행평가 문제보다는 어려웠다. 긴급히 협의회가 소집되었고 문제를 해결하기 위한 대화가 오갔다. 옆 반 담당 교사는 고등학교 진학을 위해서는 어느 정도 난이도 있는 문제를 풀어야 한다고 말했다. 그래야 고등학교에서 잘 적응할 수 있고 대입에도 불리하지 않을 것이라 주장했다.

협의회를 마치고 가만히 생각해 보니 옆 반 담당 교사의 말은 틀린 말이 아니었다. Y에게 수학을 배우는 학생들도 가끔 비슷한 이야기를 했다. 오히려 학교 수업은 너무 쉬워서 어려운 문제에 대비하기 위해서는 학원 수업이 필수라고 했다. 학생들은 어려운 문제만 모아 놓은 문제집을 들고 다니면서도 Y에게는 미안해서 물어보지 못하고 쭈뼛거리기도 했다. 어떤 학생은 학교에 A를 받은 학생이 너무 많아서 내신에 불리해 특목고 진학은 힘들 것 같다고 투덜거렸다.

실제로 Y가 가르치는 반은 성취도 A를 받는 학생이 많았다. 지난 학기에는 80% 정도의 학생이 A를 받았다. E를 받은 학생은 10%도 되지 않았다. 이런 분포의 배경에는 Y의 노력이 있었다. Y는 매주 정기적으로 형성평가를 보고 틀린 문제에 대해 피드백을 하였다. 맞은 문제라도 풀이 과정이 올바르지 않거나 불필요한 내용이 있으면 보충하여 설명했다. 형성평가 결과를 수업에 반영하여 진도를 조정하였고 학생들이 이해하지 못하는 내용은 좀 더 자세히 설명했다. 수행평가도 형성평가의 내용에서 크게 벗어나지 않았다. 학생들은 따로 수행평가를 준비하기보다 평소에 공부한 내용을 복습하는 정도로 수행평가를 준비했다.

그러나 문제는 옆 반과의 점수 차이였다. 이에 대해서는 Y도 자신이 없었다. 비슷한 수행능력을 보인 두 학생이 다른 점수를 받는다면, 그리고 그 차이로 인해 다른 성취도를 받는다면 이것은 문제가 될 수 있다고 생각했다. 하지만 좀 더 생각해 보니 다른 학교에 다니는 학생은 당연히 다른 시험을 보고 다른 방식으로 점수를 받는데, 이에 대해서 불만을 제기하는 사람은 아무도 없다는 생각이 들었다. 경쟁이라는 것이 옆 반 학생하고만 하는 것은 아닐 텐데, 학교마다 평가 기준이 달라도 된다면 반마다 평가 기준이 같아야 할 이유도 없다고 생각했다.

여기서 교사 Y가 고민하는 지점은 크게 두 가지이다. 첫째는 옆 반과 다른 평가를 시행하는 것에 대한 것이고, 둘째는 성취도 A를 받은 학생의 비율이 너무 높은 것이다. 학생들의 수행을 점수화하는 완벽한 방법이 존재할 리 없다. 능력을 수치화하는 과정에서 개인의 철학이 개입하기 때문이다.

이번에는 성취평가제와 관련된 자료들을 통해 학생에게 성취도를 부여하는 과정에 대해 살펴보고, 이를 실천한 사례를 소개해 보고자 한다.

- 성취평가제와 성취기준은 어떤 관계인가?
- 성취평가제에서의 A와 기존 수우미양가의 수는 무엇이 다른가?
- 교사별 평가가 가능한가?
- 성취평가제와 과정중심평가는 어떤 관계인가?
- 성취평가제에서 교사의 역할은 어떻게 달라졌는가?
- 성취평가제를 위해서 평가 계획을 어떻게 세워야 할까?

성취평가제, 무엇이 달라졌는가?

1) 중등학교 학사관리 선진화 방안

2011년 12월에 발표된 중등학교 학사관리 선진화 방안은 학생의 학업성취 수준을 평가하는 성취평가제를 도입하여 학생 중심의 다양한 맞춤형 교육과정이 운영되도록 하겠다는 내용을 담고 있다. 학년 단위로 교과목별 석차를 매겨 9등급을 부여하는 평가 제도가 배타적 경쟁심을 조장하여 협동학습을 저해한다는 것이다.

성취평가제로의 전환을 통해, 학년 내의 석차에 의한 상대적 서열이 아니라 학생이 무엇을 얼마나 알고 있는지에 대한 정확한 정보를 알 수 있을 것으로 기대했다. 한편, 학생들 간 지나친 경쟁의식을 지양하고 학생의 잠재력과 소질을 최대한 발휘시켜 창의·인성교육이 구현되는 교실 수업을 활성화할 수 있다고 했다.

이 정책이 발표되고 현장에 적용된 지 거의 10년이 지났다. 그동안 학교는 어떻게 달라졌는가? 학사관리 선진화 방안의 의도대로 학생 중심의 다양한 맞춤형 교육과정이 운영되고 있는가? 아니면 여전히 기존의 체제가 유지되고 있는가?

2) 수우미양가와 ABCDE

수우미양가와 ABCDE는 얼핏 큰 차이가 없어 보인다. 90점 이상을 받은 학생에게 주던 '수'를 A로 바꾸었을 뿐이다. 하지만 90점을 구성하는 과정에는 차이가 있다. 수우미양가의 배경에는 상대평가가 있다. 상대평가 체제에서는 같은 학년 학생들에 비해 뛰어난 능력을 보인 학생에게 90점을 주어야 한다. 그래서 평가의 목적은 변별이다. 100점이 너무 많으면 변별이 잘 안 되기 때문에 100점을 방지할 수 있는 문제가 출제되기도 한다.

성취평가제의 A도 '수'와 마찬가지로 90점 이상의 점수를 받은 학생들에게 주어진다. 하지만 성취평가제의 90점을 결정하는 과정은 단순하지 않다. 먼저 교사는 한 학기 동안 학생들이 충실한 교수학습 과정을 통해 성취하기를 기대하는 전체 성취기준에 대한 이해와 수행 정도를 결정한다. 그다음 아래와 같이 기준 성취율에 따라 성취도를 부여하는 것이다.(중학교와 달리, 고등학교는 학교별 학업성적관리규정에 의해 기준 성취율을 설정할 수 있다.)

성취수준	성취율 (원점수)	
	일반 교과	체육, 예술 교과
A	90% 이상	80% 이상 ~ 100%
B	80% 이상 ~ 90% 미만	60% 이상 ~ 80% 미만
C	70% 이상 ~ 80% 미만	60% 미만
D	60% 이상 ~ 70% 미만	·
E	60% 미만	·

[중학교 기준 성취율]

성취평가제는 준거참조평가이며 상대적 서열을 산출하지 않는다. 그래서 기존 성적표에 기재되었던 석차가 삭제되었고 대신 원점수와 표준편차를 기재하게 되었다.(2020년 기준 현재 중학교 1, 2학년은 표준편차를 기재하지 않고 원점수만 기재한다.) 원점수가 산출되지만 이는 성취도를 판단하기 위한 자료이고, 실제로는 성취도만 남는다. 100점을 받은 학생과 90점을 받은 학생은 실제로 같은 평가를 받는 것이다. (학업성적관리지침에서 소수점 첫째 자리 반올림을 택하고 있기 때문에 89.5점도 역시 A이다.)

한편 기존의 절대평가제와는 큰 틀에서 비슷하지만 평가의 준거로 성취기준과 성취수준을 사용한다는 데서 차이가 있다. 절대평가를 실시하더라도 성취기준과 성취수준을 고려하지 않고 평가 계획을 세운다면 성취평가제로 보기 힘들다.

성취평가제에서 A가 많은 것은 이상한 일이 아니다. 학교의 전반적인 성취도가 높으면 A를 받는 학생이 많아지는 것은 당연하다. 반대로 기준 성취에 도달하지 못한 학생이 많다면 E가 많은 것도 자연스러운 현상이다. 하지만 교사 Y의 사례처럼 많은 교사들이 성취도의 비율을 두고 고민한다. 수우미양가 시대의 평가관과 ABCDE 시대의 혼재된 평가관이 현장의 혼란을 야기하는 것이다.

그러면 성취도가 A, B에 편중된 현상을 어떻게 바라보아야 하는 것일까? 성취평가제 가이드북에 따르면, 평가 절차상의 공정성과 신뢰성을 확보하였다는 전제에서는 바람직한 평가로 본다. 다만, 의도적으로 평가 문항과 유사한 문항을 알려 주거나 평가도구를 너무 쉽게 구성한 결과라면 평가 과정에 문제가 있다고 본다. 성취수준별 비율에 대한 고민은 결국 교수학습 과정과 평가 과정이 얼마나 성취기준에 타당한지를 검토하는 것으로 대신할 수 있다. 그리고 그 과정이 타당하다면 성취수준별 비율 자체는 문제가 되지 않는다.

3) 성취평가제와 과정중심평가

과정중심평가는 교사의 평가에 많은 변화를 가져왔다. 하지만 교사에게는 여전히 점수를 '잘' 주는 방법이 필요하다. 많은 교사들이 '어떤 수행평가를 했는지', '채점 기준이 어땠는지'에 관심을 갖는다. 수행평가와 서술형 평가에서 낮은 점수를 받은 학생이 민원을 제기할 수도 있다는 불안감을 가진 교사라면, 어떻게 점수를 주어야 민원을 피할 수 있는지에 관심을 갖는 것은 어쩌면 당연한 일이다.

과정중심평가에서는 성취도를 결정하는 방법을 제시하고 있지는 않다. 앞서 이미 살펴본 바와 같이 과성중심평가는 학습의 종료 단계에서 성취에 대한 수준을 결정하는 기존의 평가관으로부터 학습 과정을 지원하는 평가로의 전환을 뜻한다. 하지만 현재 체제에서는 과정중심평가를 했다 하더라도, 학생의 성취를 점수로 환산하는 작업이 필요하다. 그리고 어떻게 점수를 주어야 하는지는 여전히 어려운 문제이다.

성취평가제와 과정중심평가는 밀접한 관련이 있다. 성취평가제에서 점수의 근거가 되는 것은 평가 계획이고 이는 성취기준과 성취수준을 바탕으로 작성된다. 수업은 성취기준에 도달하기 위한 교수학습 활동으로 기능한다. 과정중심평가가 학생들의 성취를 돕는 방법을 말하고 있다면, 성취평가제는 성취도를 산출하는 방법을 제시하고 있는 것이다.

성적 산출의 근거는 과정중심평가가 아니라 성취평가에 있다. 단위 학교의 교과협의회를 통해 학생들의 수준이나 상황을 고려하여 성취기준의 도달 정도, 최소 성취수준 등을 바탕으로 평가 계획을 작성하고 작성된 평가 계획에 근거하여 성적을 부여하도록 하고 있다. 과정중심평가 체제에서도 점수를 부여하는 방법은 여전히 성취평가에 있는 것이다.

4) 성취평가제와 교사별 평가

그렇다면 담당 교사마다 평가 방법을 다르게 하는 교사별 평가는 가능할까? 앞서 살펴본 바와 같이 과정중심평가에서는 성취기준 재구성을 통해 교사별로 평가를 다르게 하도록 하고 있다. 하지만 Y의 사례와 같이 교사별로 다른 수행평가를 시행하는 것은 아직 많은 교사들에게 쉽게 받아들여지지 않기도 한다.

성취도, 즉 내신성적으로 산출되는 점수를 교사별로 평가하는 기준은 시도별 중·고등학교 학업성적관리시행지침에 따른다. 과정중심평가에서 교사별 평가가 허용되지만, 이는 성취도가 산출되지 않는 평가에 한정되는 것으로 해석된다.

지역	중학교	고등학교
서울	자유학기만 허용	없음
경기	자유학기, 수행평가 허용	없음

인천	자유학기만 허용	없음
충북	자유학기만 허용	없음
충남	자유학기만 허용	없음
강원	자유학기, 수행평가 허용	수행평가
전북	자유학기만 허용	없음
전남	자유학기, 수행평가 허용	수행평가
경북	자유학기만 허용	없음
경남	자유학기만 허용	없음
대구	자유학기만 허용	없음
부산	자유학기만 허용	없음
대전	자유학기만 허용	없음
세종	자유학기만 허용	없음
광주	자유학기만 허용	없음
울산	자유학기만 허용	없음
제주	자유학기만 허용	없음

[시도교육청 학업성적관리시행지침 교사별 평가 허용(2020)]

모든 시도에서 중학교 자유학기에 교사별 평가를 허용하고 있다. 그러나 수행평가에 대해 교사별 평가를 허용하고 있는 시도는 많지 않다. 지필평가까지 교사별 평가를 실시하는 시도는 없다. 성취도를 결정하는 단계에서는 학교 내의 형평성을 중요하게 생각하고 있는 것이다.

5) 성취평가제, 교사의 역할

서울시교육청은 2019년부터 학업성적관리지침 지필평가 부분에 다음과 같이 '변별도'라는 문구를 삭제했다. 학급 간의 성적 차이를 줄이라는 문구도 사라졌다. 최소한 법적으로는 변별과 학급별 점수 차라는 짐을 내려놓을 수 있게 된 셈이다.

수정 전	수정 후
지필평가 문제는 타당도, 신뢰도, 객관도 및 변별도가 높은 문항으로 출제하고 평가의 영역·내용 등을 포함한 이원목적분류표를 작성하여 활용하고, 교사별로 문항 수를 분담하여 출제하는 일이 없도록 하고 동일 교과(목) 담당 교사 간 협의를 통한 공동 출제를 원칙으로 하여, 학급 간의 성적 차를 최소화한다.	지필평가 문제는 타당도, 신뢰도를 제고할 수 있도록 출제하고 평가의 영역·내용 등을 포함한 문항 정보표를 작성하여 활용하고, 교사별로 문항 수를 분담하여 출제하는 일이 없도록 하고 동일 교과(목) 담당 교사 간 협의를 통한 공동 출제를 원칙으로 한다.

[2019 서울시교육청 학업성적관리지침 지필평가 부분]

대신, 학기 단위의 목표를 설정하고, 학습경험을 구성하며, 평가 방법을 결정하는 전문성이 요구되었다. 학기에 앞서 학생들이 한 학기의 교수학습 과정을 통해 성취하기를 기대하는 전체 성취기준에 대한 이해와 수행 정도를 결정해야 하는 것이다. 이를 바탕으로 성취수준별 일반적인 특성을 정리하여 134쪽의 예시와 같이 학기 단위 성취수준 기술을 구상하고, 이를 학기말에 받게 될 성취도의 지표로 사용하게 된다. 물론 과거에도 학기의 목표를 세우고 이를 바탕으로 교수학습 과정을 운영했지만, 성취기준을 근거로 하여 구체적인 수행목표에 대한 계획을 세우고 학기를 시작한다는 점에서 차이가 있다.

성취수준	성취수준 기술
A	우리나라의 자연 환경 및 인문 환경과 관련된 사실, 개념, 원리, 이론을 체계적으로 설명할 수 있으며, 지리 정보를 선정·수집·분석·종합하고 이를 일상생활에 적용하여 국토 공간을 해석할 수 있다. 그리고 다양한 지역 규모에서 발생하는 공간 현상과 변화를 이해하여 국토의 당면 과제를 올바로 인식하고, 공간적 의사결정을 통해 합리적인 해결 방안을 제시할 수 있다.
B	우리나라의 자연 환경 및 인문 환경과 관련된 사실, 개념, 원리를 설명할 수 있으며, 지리 정보를 선정·수집·분석·종합하고 이를 일상생활에 적용하여 국토 공간을 이해할 수 있다. 그리고 다양한 지역 규모에서 발생하는 공간 현상과 변화를 이해하여 국토의 당면 과제를 올바르게 인식하고, 이의 해결 방안을 제시할 수 있다.
C	우리나라의 자연 환경 및 인문 환경과 관련된 주요 사실, 개념 및 원리를 이해하고, 지리 정보를 수집, 분석 및 해석할 수 있다. 그리고 다양한 지역 규모에서 발생하는 공간 현상의 특징을 설명하고, 국토의 당면 과제를 제시할 수 있다.
D	우리나라의 자연 환경 및 인문 환경에 대한 주요 사실과 개념을 이해하고, 지리 정보를 수집하고 해석할 수 있다. 그리고 공간 현상의 특징을 부분적으로 설명할 수 있으며, 우리나라 각 지역의 특징을 진술할 수 있다.
E	우리나라의 자연 환경 및 인문 환경에 대한 주요 사실과 개념을 대체로 이해하고, 지리 정보를 일부 해석할 수 있으며, 우리나라 각 지역의 특징을 부분적으로 진술할 수 있다.

[학기 단위 성취수준 기술 예시]

성취평가제에서 제시하는 학기 운영 방법은 다음과 같다.

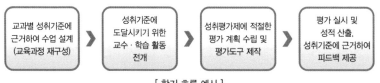

[학기 흐름 예시]

교육과정 재구성을 통해 학기의 목표를 수립했다면 다음은 성취기준에 도달시키기 위한 교수학습 과정을 운영해야 한다. 이때 교수학습을 성취기준에 도달시키기 위한 행위로 보는 점이 달라졌다고 할 수 있다. '성취기준'이라는 구체적인 목표가 있기 때문에 이를 제약으로 볼 수도 있으나, 다양한 방법으로 성취기준을 달성할 수 있다는 측면에서는 수업의 자율성을 보장받았다고 해석할 수도 있다. 검·인정 교과서가 존재하지만 성취기준에 도달시키기 위해서 다양한 경험을 조직할 수 있는 것이다. 수학과에는 공학도구를 사용하도록 하는 성취기준이 있는데, 이 성취기준에 도달하기 위해서 실제로 컴퓨터를 활용하도록 학습경험을 조직할 수 있다. 이 과정은 수업의 목표가 내용 전달에 있는 것이 아니라, 교사에 의해 잘 조직된 학습경험을 통해 성취기준에 도달하도록 하는 것임을 강조하고 있다.

다음 단계는 성취평가제에 적절한 평가 계획 수립 및 평가도구를 제작하는 것이다. 여기서 '성취평가제에 적절한 평가 계획'이라는 말이 눈에 띌 것이다. 성취평가제에 적절한 평가 계획이라는 것이 따로 있을까? 소극적으로는 학생의 성적을 서열화하기 위하여 어려운 함정 문제를 출제하거나 동석차를 줄이기 위해 인위적으로 소수점을 배점하는 과거의 관행에서 벗어나도 된다는 것으로 해석할 수 있다. 좀 더 적극적인 해석을 한다면 성취를 확인하기 위한 평가도구를 개발해야 한다는 것으로 볼 수도 있다. 2015 개정 교육과정의 성취기준은 다양한 지식, 기능, 태도를 포함한다. 성취기준 도달 여부를 판단하기 위해서 단순히 선택형 지필평가만을 사용하기는 힘들다. 따라서 교사에게는 다양한 평가 형태의 특징을 파악하고 활용하는 전문성이 요구된다.

평가를 통해 성적을 산출한 이후에도 '피드백'이라는 과정이 남아 있다. 평가의 목적이 학생의 수행에 대한 진단인 만큼, 진단 이후의 처

방을 강조하는 것이다. 최근에는 교사의 역할로서 심판보다는 코칭이 강조되고 있다. 공정한 경쟁보다는 개개인의 성장을 지향하는 것이다. 교사는 학생이 도달한 성취기준과 그렇지 못한 성취기준을 파악하여 이를 발전시키고 보완할 수 있는 피드백을 제공해야 한다. 좋은 피드백에 대한 고민과 연구가 교사에게 숙제로 남겨진 것이다.

성취평가제로 통계 단원 설계하기

1) 단원 목표 수립하기

교사 Y는 단원 목표를 세우는 것으로 평가 계획 수립을 시작했다. 교육과정 문서와 교과서를 펴고 가르쳐야 할 내용을 확인하고 성취기준을 검토했다.

> [9수05-06] 중앙값, 최빈값, 평균의 의미를 이해하고, 이를 구할 수 있다.
> [9수05-07] 분산과 표준편차의 의미를 이해하고, 이를 구할 수 있다.
> [9수05-08] 자료를 산점도로 나타내고, 이를 이용하여 상관관계를 말할 수 있다.

중학교 3학년 수학 통계 단원의 성취기준을 확인하고 통계 단원의 학기 목표를 세우기 위해 과거에 이 단원을 가르쳤던 경험을 떠올리며 학생들이 단원을 마치고 해야 할 수행을 정리했다. 이 단계에서는 학습의 위계와 순서를 완벽하게 구성하기보다는 다음과 같이 대략적인 내용 요소만 나열했다.

학습 요소	평가 내용	수업 계획	
통계란 무엇인가?	대푯값 구하기	1주차	통계란 무엇인가, 변량이란무엇인가, 변량의 종류
변량	대푯값 예시 들기	2주차	대푯값이란 무엇인가, 평균, 중앙, 최빈
대푯값이란 무엇인가?	평균 구하기	3주차	평균, 중앙, 최빈이 어울리는 상황
평균 구하기	중앙값 구하기	4주차	산포도란? 산포도가 큰 자료는? 산포도가 작은 자료는?
중앙값 구하기	최빈값 구하기	5주차	편차, 분산, 표준편차
최빈값 구하기	대푯값 정하기	6주차	엑셀 실습
이상값	오류 찾고 수정하기	7주차	산점도 그리기
이상값을 포함하는 경우		8주차	음의 상관관계와 양의 상관관계
이상값을 제외하는 경우	산포도란 무엇인가?	9주차	엑셀 실습
	산포도가 큰 자료는 무엇인가? 산포도의 뜻과 연관지어 설명		
산포도란?	편차 구하기		
산포도가 큰 자료는?	분산구하기		
산포도가 작은 자료는?	표준편차 구하기		
편차 구하기	-식 주고		
분산구하기	-식 안 주고		
표준편차 구하기	-엑셀로		
엑셀	산점도 그리기		
산점도 그리기	-종이에		
상관관계	-엑셀에		
음의 상관관계와 양의 상관관계	이상값 찾기		
강한 상관관계	음양		
약한 상관관계	강약		
상관관계가 없는 경우	상관관계가 없는 경우		
엑셀			

[통계 단원 내용 요소 정리하기]

이를 바탕으로 이 단원의 모든 수행을 완벽하게 해낸 학생에게 기대하는 수행들을 서술해 보았다. 통계 단원은 수학과 역량 중에 정보처리 역량과 밀접한 관계가 있기 때문에 자료와 정보를 수집, 정리, 분석, 활용할 수 있는 능력을 포함하여 목표를 수립했다.

하지만, 성취기준에서 서술하고 있는 것은 '연산 과정을 통해 값을 구하는 것'과 '그 값의 의미를 이해하고 말하는 수준'이기 때문에 정보처리 역량을 평가 기준에 포함시킬 수 있는지에 대한 의문이 들었다. 수업을 통해 정보를 처리하는 역량을 키우더라도 성취기준에 서술되어 있지 않기 때문에 평가를 할 수 있는지 확신이 없었다.

2015 개정 교육과정의 성취기준은 대체로 내용 중심으로 서술되어 있다. 그래서 성취기준에 서술되어 있는 '이해'라는 단어를 어떻게 해석하느냐에 따라 다양한 수준의 교육과정이 만들어질 수 있다. 이와

관련하여 참고할 만한 해외 사례가 있다.

IB^{International Baccalaureate} 교육과정에서는 각 교과의 평가 기준을 네 개의 영역으로 나누어서 제시하고 있는데, 수학과의 평가 기준은 '알기와 이해하기', '패턴 조사하기', '의사소통하기', '실생활 맥락에 수학 적용하기이다'. (IB와 관련된 번역은 공식 번역이 없어 저자의 번역으로 대신하며, 원문에서는 10개 과목이 제시되어 있으나 예시를 위해 6개 과목만 제시함.)

	A	B	C	D
언어와 문학	분석하기 (Analysing)	조직하기 (Organizing)	글 생성하기 (Producing text)	언어 사용하기 (Using language)
언어 습득	구어 및 시각적 텍스트 이해하기 (Comprehending spoken and visual text)	문어 및 시각적 텍스트 이해하기 (Comprehending written and visual text)	의사소통하기 (Commusicating)	언어 사용하기 (Using language)
개인과 사회	알기와 이해하기 (Knowing and understanding)	조사하기 (Investigating)	의사소통하기 (Communicating)	비판적으로 사고하기 (Thinking critically)
수학	알기와 이해하기 (Knowing and understanding)	패턴 조사하기 (Investigating patterns)	의사소통하기 (Communicating)	실생활 맥락에 수학 적용하기 (Applying mathematics in real-world contexts)
과학	알기와 이해하기 (Knowing and understanding)	탐구와 설계하기 (Inquiring and designing)	처리와 평가하기 (Processing and evaluating)	과학의 영향을 성찰하기 (Reflecting on the impacts of science)
예술	알기와 이해하기 (Knowing and understanding)	기술 향상하기 (Developing skills)	창의적으로 사고하기 (Thinking creatively)	반응하기 (Responding)

IB에서는 내용 요소를 성취기준으로 설정하는 대신, 학습을 통해 성장하기를 기대하는 능력을 평가 기준으로 설정한다. 이 평가 기준은 IB를 운영하는 모든 학교에 공통으로 적용된다. 학교마다 학습 내용을 선정하고 조직하는 데는 자율성을 가지지만, 평가 영역과 기준은 공통적으로 적용된다.

IB는 각 영역의 점수를 부여하는 표준화된 기준을 제시하는데, 아래 표와 같이 평가 기준은 0점, 1~2점, 3~4점, 5~6점, 7~8점으로 나뉘고 각 점수마다 안내 규준Descriptor이 대략적인 서술로 제시되어 있다. 학교에서는 안내 규준을 참고하여 평가 내용에 맞게 세부 기준(TSC : Task Specific Clarification)을 작성한다. 학교가 설정한 평가 기준과 평가 결과는 IB에서 공식적으로 운영하는 평가기관에 의해 검토와 조정 절차를 거쳐 공식 성적으로 인정받는다.

수준 (level)	지수법칙, 정수연산, 최소공배수 TSC 평가 기준 B : 패턴 조사하기 Criterion B : Investigating Patterns	
	안내 규준	세부 기준
0	학생이 아래 기준에 도달하지 못함.	
1~2	학생은 패턴에 부합하는 예측을 진술해야 한다.	지수법칙, 정수연산, 최소공배수 문제를 해결하기 위한 방법을 예측하는 시도를 함.
3~4	학생은 찾아낸 것과 일치하는 일반적인 규칙과 관계를 제시해야 한다.	지수법칙, 정수연산, 최소공배수를 모델과 언어, 숫자를 이용하여 제시함.
5~6	학생은 찾아낸 것과 일치하는 일반적인 규칙과 관계를 기술해야 한다.	지수법칙, 정수연산, 최소공배수를 모델을 이용하여 설명함.
7~8	학생은 오류 없이 찾아낸 것과 일치하는 일반적인 규칙과 관계를 기술해야 한다. 그리고 이 관계와 규칙을 확인하고 정당화해야 한다.	지수법칙, 정수연산, 최소공배수를 모델과 언어, 숫자를 이용하여 설명하고 정당화함.

한편, 우리나라에서도 성취기준을 학교의 상황에 맞게 수정할 수 있다. 통계 단원의 목표인 '자료를 수집, 정리, 분석, 활용할 수 있는 능력'을 포함하여 다음과 같이 성취기준을 수정할 수 있다.

[9수05-06] 중앙값, 최빈값, 평균의 의미를 이해하고, 이를 구할 수 있다.
 └**[9수05-06] 중앙값, 최빈값, 평균의 의미를 이해하고, 맥락에 맞는 대푯값을 구할 수 있다.**
[9수05-07] 분산과 표준편차의 의미를 이해하고, 이를 구할 수 있다.
 └**[9수05-07] 분산과 표준편차를 구하고, 이를 이용하여 상황에 맞게 판단할 수 있다.**
[9수05-08] 자료를 산점도로 나타내고, 이를 이용하여 상관관계를 말할 수 있다.
 └**[9수05-08] 공학도구를 이용하여 수집한 자료를 산점도로 나타내고, 이를 이용하여 상관관계를 말할 수 있다.**

[통계 단원 성취기준 수정]

2) 성취수준에 따른 점수 조정

Y는 단원 목표를 설정한 후에 해당 목표를 학생들이 달성했는지 판단할 수 있는 구체적인 수행 근거를 만들었다. 대푯값과 산포도에 대한 이해 여부를 판단할 수 있는 평가를 구성하였다. 평가에서 제시할 구체적인 과제를 계획하고 채점 기준도 수립하기로 했다.

대푯값 단원에서는 세 가지 대푯값(평균, 중앙값, 최빈값)을 구하는 방법과 각각의 특징, 의미 등을 학습하는데, 이 세 가지 대푯값을 모두 구할 수 있는 경우를 성취도 D에 해당하는 성취수준으로 결정했다. 그런데 작년 자료를 찾아보니 대푯값을 모두 구했던 학생이 실제로 받은 점수는 40점 남짓이었다. 출제해야 하는 내용을 계획하긴 했지만, 성취도까지 고려하지 못한 것이다.

성취도는 교사가 사전에 계획한 성취수준에 맞게 부여되어야 한다. 즉, 학생이 성취수준 D에 해당하는 성취를 보였다면, 성취도 D를 받을 수 있어야 한다. 하지만 Y의 평가 계획은 학생이 보인 성취와 교사가 계획한 성취수준이 일치하지 않는 문제를 안고 있다. 교사가 직접 성취도를 부여하는 것이 아니라, 학생이 받은 점수를 성취도로 환산하기 때문에 학생이 성취도에 해당하는 점수를 받을 수 있도록 점수를 조정할 필요가 있다. 만약 그렇지 않으면 계획 단계에서 수립한 성취수준에 해당하는 성취도를 부여할 수 없다.

특히 성취수준 D에 해당하는 점수가 60점이고 60점 미만의 점수를 받은 학생은 모두 성취도 E를 받도록 되어 있다. 따라서 성취수준 D에 해당하는 성취를 보였으면 60점을 받을 수 있도록 점수를 조정해야 한다. 그렇다고 꼭 성취수준 D에 해당하는 과제를 60% 출제해야 한다는 뜻은 아니다. 만약 성취수준 D에 해당하는 과제가 30% 정도라면 점수를 환산하여 부여하는 등의 방법을 통해 성취수준과 점수를 조정할 수 있다.

3) 평가도구 제작과 채점 기준

Y는 평가에 대한 계획을 어느 정도 수립한 후, 평가도구를 제작했다. 측정해야 하는 능력을 고려하여 수행평가, 지필평가를 결정했다. 정보처리 역량을 측정하기 위해 생활과 밀접한 소재를 선정하였으며, 컴퓨터를 이용하여 직접 자료를 수집하고 정리하는 평가를 계획했다. 하지만 평가 계획보다 채점 기준을 수립하는 것이 더 어려웠다. 분명

히 수업 시간에는 잘 풀었던 학생인데 시험에서 계산 실수로 문제를 틀렸다면, 이 학생을 성취로 판단해야 할지 말지가 고민이 되었다.

지난 학기에도 비슷한 경우가 있었다. 문제 만들기 수행평가를 했는데 문제에 오류가 있으면 감점하는 방식으로 채점했더니 학생들이 아주 쉬운 문제만 만들어 온 것이다. 학생들이 그동안 배웠던 내용을 정리하여 스스로 해석하고 자신만의 문제를 만들어 보도록 계획했던 활동인데, 창의적인 사고가 담긴 문제는커녕 쉬운 계산 문제만 잔뜩 만들어 낸 것이다. 하지만 Y는 그런 과제들에 만점을 줄 수밖에 없었다. 문제에 오류가 없었기 때문이다.

계산 대신 오른쪽과 같이 그림을 그려서 문제를 푸는 학생이 있다. 얼핏 웃음이 나기도 하지만, 이렇게라도 문제를 풀어야 하는 상황이 애처롭기도 하다.

수학능력시험은 대학에서 배울 수 있는 능력을 측정하는 시험이다. 이 학생이 답을 맞혔다 해도 대학에서 배울 수 있는 능력을 보였다고 하기는 힘들다. 수학은 패턴을 관찰하여 이를

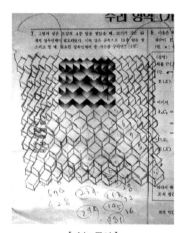

[수능 풀이]
(* 출처 : https://pomp.tistory.com/772)

식으로 세우고, 간단한 연산을 통해 아무리 큰 수라도 쉽게 계산할 수 있도록 하는 학문인데, 이 학생의 수행은 초등학생에게 요구되는 수준

만을 보였기 때문이다.

학생들은 평가에서 좋은 점수를 받으려고 노력한다. Y의 사례처럼 때로는 그 노력이 평가 의도를 무색하게 하기도 한다. 평가에서 과제만큼 채점 방식도 중요하게 다루어져야 하는 이유이다.

성취평가에서의 평가는 학생의 성취 여부를 판단하는 행위로 해석된다. 그래서 기존의 평가와 달리 정오보다는 평가에서 드러나는 학생의 성취에 집중해야 한다. 예를 들어 연산 문제를 5개 출제하였다면 일부 실수가 있더라도 풀이 과정에서 연산 과정을 제대로 수행한 학생은 그 내용에 대한 성취를 이루었다고 판단할 수 있다. 하지만 풀이 과정 없이 그림을 보고 눈대중으로 정답을 쓴 학생의 경우에는 정답을 맞혔더라도 성취한 것으로 보기는 힘들다.

성취 중심의 채점은 학생들의 학습 방법 변화를 유발할 수 있다. 오류를 피하기 위해 소극적으로 과제에 임하는 것보다 자신의 능력을 최대한 발휘하는 것이 유리하다고 느껴질 수 있도록 채점 기준을 수립할 필요가 있다.

4) 1대1 면담과 재시험

Y는 피드백의 중요함을 깨닫고 평가 이후에 피드백을 위한 시간을 마련했다. 학생들과 평가 문항을 보면서 '어떤 과제를 틀렸는지', '어떻게 풀었으며 더 잘 풀기 위해서는 어떻게 해야 하는지', '어떤 점에서 우수했는지' 등을 이야기했다. 면담을 통해 학생들은 자신의 과제를 다시

한 번 확인하고 부족했던 점을 보완하기 위해 노력했다. 교사 입장에서는 다소 피곤한 일이었지만 분명 학생들의 실력이 성장함을 느낄 수 있었다. 하지만 문득 이렇게 이룬 성취가 학기말에 산출되는 성취도에는 반영되지 않는다는 점이 아쉬웠다. 수행평가를 마치고 면담을 통해 개념을 깨달은 학생도 학기말에는 성취하지 못한 수행평가의 성적을 받기 때문이었다. 어차피 시험 끝나고 알아봐야 점수에 도움도 안 된다며 면담에 성실하게 참여하지 않는 학생 때문에 Y는 고민이 많아졌고, 어떻게 하면 면담과 피드백을 효율적으로 할 수 있을지 고민했다.

평가는 학습을 지원하기 위해서 성취를 판단하는 도구지만, 동시에 성취를 점수로 환산하는 기능을 갖고 있다. 그러다 보니 학습을 지원하기 위한 진단 도구의 역할을 방해받을 때가 있다. 학생들은 점수를 잘 받기 위해 모르는 문제를 찍기도 하고 자기 이견과 다른 답을 쓰기도 한다. 점수를 부여하는 행위가 학생에게 주는 부담은 현재 우리나라에서는 어쩔 수 없는 일이다. 그래서 Y의 고민은 충분히 의미가 있다. 과거에는 성취를 판단하는 시기를 중간고사와 기말고사에 한정했기 때문에 그때까지 공부한 내용을 가지고 평가를 받는 것이 당연하게 여겨졌다. 하지만 수행평가의 도입으로 학기중에도 일부 평가가 이루어진다. 어쩌면 학생 입장에서는 과거에 비해 평가의 시기가 빨라졌다고 느낄 수도 있다. 1단원에 대한 평가가 중간고사 때 이루어졌었다면, 현재는 일부 평가가 중간고사 전에 이루어지기 때문이다. 시도별 학업성적관리시행지침에서는 학기 단위로 성적을 산출하도록 하고 있지만, 수행평가 시기는 학교 자율로 두고 있다. 수행평가 시기를 일괄적으로 정할 수는 없겠지만, 평가의 방법과 함께 평가 시기에 대해서도 고민할 필요가 있다.

그래서 성취도를 판단하는 평가 이전에 형성평가를 통해 성취에 대해서 피드백하고 충분히 성장할 기회를 주어야 한다. 그런 과정 없이 성취도를 판단할 경우에는 학생들이 평가를 학습의 종결로 받아들일 여지가 있다. 그래서 시험문제를 철저하게 숨겨 왔던 과거와는 다르게 한 학기 동안 성취해야 할 내용을 학기초부터 소통할 필요가 있다. 다음은 학기초에 학생들에게 배부된 자료로, 성취수준에서 D를 받기 위해 성취해야 할 과제들이 제시되어 있다. 평가에서는 이 과제가 요구하는 수준과 비슷한 수준의 문제가 출제된다. 이 안내 자료를 통해 학생들은 자신의 성취를 스스로 점검하기도 하고 부족한 학습에 대해서 보충할 수 있는 기회를 얻을 수 있다.

	주어진 자료의 평균을 구할 수 있다.	주어진 자료의 중앙값을 구할 수 있다.	주어진 자료의 최빈값을 구할 수 있다.	공학도구를 사용하여 대푯값을 구할 수 있다.	상황에 맞는 대푯값을 적용할 수 있다.
배점	2	2	2	1	3
60점	다음 자료의 평균을 구하여라. 2,5,9,10,15	다음 자료의 중앙값을 구하여라. 2,5,9,10,15	다음 자료의 최빈값을 구하여라. 2,5,9,10,15		
70점	다음 그래프를 보고 만족도의 평균을 구하여라. *5 ▆▆▆▆ 8 *4 ▆▆▆▆ 8 *3 ▆▆ 4 *2 *1	다음 자료의 중앙값을 구하여라. 2,5,9,10,15,25	다음 자료의 중앙값을 구하여라. 2,2,5,5,6,6		

80 점				엑셀을 이용하여 다음 자료의 대푯값을 모두 구하시오. 〈자료는 400개 이상〉	
90 점					다음 경우에서 평균이 대푯값으로 적당하지 않은 이유를 쓰시오.
100 점					다음 상황에서 자료의 중심경향을 가장 잘 나타내는 대푯값은 무엇인가? 평균, 중앙값, 최빈값 중 선택하지 않은 방법이 적절하지 않은 이유를 서술하시오. (필요한 경우 평균, 중앙값, 최빈값 이외의 방법을 사용할 수 있음.)

[2020년 통계 단원 중 대푯값 평가 안내 자료]

한편, 평가 이후 재평가를 실시하여 후속 학습의 동기를 부여하는 방법도 고려할 수 있다. 이 경우에는 이전 시험의 과제와 비슷한 성취를 다른 방법으로 측정할 수 있는 도구가 필요하다. 과제의 성격에 따라 재평가가 불가능할 수도 있다. 호흡이 긴 수행평가의 경우는 중간 과정에서 교사가 도움을 제공할 수도 있다. 과거에는 일제히 같은 환경에서 평가받아야 한다는 인식이 당연했으나, 평가 패러다임의 변화에 따라 학생의 성장을 촉진하는 것이 더 중요한 목표가 되었고 그에 따라 평가 방법의 변화도 필요해졌다.

5) 수업과 평가에 대한 성찰과 반성

Y는 수업 시간을 활용하여 당일 학습한 내용에 대해서 간단한 퀴즈

를 운영했다. 그리고 퀴즈 결과를 바탕으로 다음 수업을 준비했다. 퀴즈 결과가 좋으면 다음 내용을 진행했고 결과가 좋지 못하면 학생들이 많이 틀린 문제를 다시 설명해 주었다. 자주 실수하는 것을 짚어 주고 유의해야 할 내용도 설명했다.

또한 한 학기 동안 학생의 성취 결과를 다음과 같이 정리해 보았다. 학생들이 어떤 과제를 잘 수행했고 어떤 과제에서 어려움을 느꼈는지 알아보기 위해서였다.

성취한 학생의 비율을 정리한 표

	ㄱ	ㄴ	ㄷ	ㄹ	ㅁ	ㅂ	ㅅ	ㅇ	ㅈ	ㅊ	ㅋ	ㅌ
A			63 66			61 73					50 60	57 60
B			68 70	63 73	68 68	66 71					59 64	64 67
C	59 64			61 64		70 77			69 71			
D		88 88	73 77	68 77	70 77							
E	71 75	75 79	88 88	70 77		89 89		71 71		74 76		

▲ 가로는 학습 주제인데, 예를 들어 ㄱ은, '두 변수가 이루는 관계가 이차함수인지 판단할 수 있는가?'이고 ㄴ은 '식을 대응표로 변환하고 이를 이용하여 그래프를 그릴 수 있는가?'이다. 세로의 A, B, C, D, E는 성취도이다. 학습 주제와 성취도가 만나는 칸은 주제에 해당하는 성취도를 판단하는 과제를 의미한다. 즉 ㄱ와 E가 만나는 칸(음영)은, '두 변수가 이루는 관계가 이차함수인지 판단할 수 있는가?'에서 기초 성취에 해당하는 과제를 성취한 학생의 비율을 의미한다. 각 칸에는 두 개의 숫자가 쓰여 있는데 위의 숫자는 재시험 전에 성취한 학생의 비율이고 아래 숫자는 재시험 이후에 성취한 학생의 비율이다.

Y는 과제별 통계를 내면서 학생들의 성취에 대해서도 자세히 알게 되었다. 그 결과 학생들과 나누는 대화가 풍부해졌다. 몇 점 정도인지만 알았던 과거와 달리, 이제는 어떤 방식으로 문제를 해결했는지, 어떤 점에 좀 더 주의를 기울여야 하는지 등을 이야기할 수 있었다. 막연

하게 좀 더 열심히 해야지, 실수하지 말아야지 하는 정도의 수준이 아니라, 어떤 능력이 부족했으며 실수를 하지 않기 위해서 어떤 변화가 필요한지 이야기할 수 있었다. 학생의 배움을 멀리서 확인하는 사람이 아니라 가까이서 도와주는 사람이 되었다고 느꼈다.

성취에 대한 평가는 학생의 성장뿐 아니라 교사의 성장에도 도움이 된다. 교사 자신의 수업을 반성하는 도구로 사용할 수 있기 때문이다. 학생의 성취에 대한 특징을 파악하여 다음 학기에 반영한다면 학생에게 필요한 요소를 좀 더 구체적으로 파악할 수 있다. 물론 과거에도 학기를 마치면 다음 학기를 위한 반성과 성찰을 했지만 A가 몇 명이었는지, 반 평균이 몇 점이었는지를 확인하는 수준이었다. 성취기준별 분석을 통해 학생들이 진짜로 어려워하는 것이 무엇인지 이해할 수 있고, 구체적인 계획을 수립하여 실질적인 수업의 변화를 유발할 수 있다. 반성과 성찰의 수준이 한 단계 높아지는 것이다.

성취평가제, 앞으로의 과제는?

1) 교육과정과 성취기준의 연계성

현재 성취기준은 교과 목표에 맞게 지식, 기능, 태도를 포함하고 있다. 하지만 일부 교과는 수업시수에 비해 너무 많은 성취기준을 다루고 있어서, 성취기준 내용만을 전달하기에 급급한 경우가 있다. 정보

과목은 중학교에서 17개의 성취기준을 보통 34시간으로 구성한다. 과학과의 성취기준은 92개이며 학기마다 대략 15개의 성취기준이 있다. 성취기준이 서로 다른 내용 요소를 담고 있음을 감안하면 한 내용을 오랜 기간 동안 깊게 탐구하기보다는 얕게 전달하도록 수업이 구성된다. 그렇지 않으면 성취기준을 모두 다룰 수 없기 때문이다.

성취기준과 교과 역량이 밀접하게 연결되지 않는 문제도 있다. 역사과에서 말하는 역사적 판단력과 문제해결능력은 과거 사례에 비추어 오늘날의 문제를 해결하는 능력을 의미한다. 하지만 이에 비해 역사과의 성취기준은 다음 예시와 같이 대체로 지식에 치우친 형태이다. 성취기준과 교과 목표 사이에 괴리가 있다면 어떤 기준을 가지고 성취수준을 결정해야 하는지 모호하다. 잘 알고 있지만 어떤 것도 실천하지 않는 학생을 어떻게 평가해야 할까?

[9역09–03] 자유 민주주의가 시련을 겪으며 발전해 가는 과정을 파악하고, 경제 성장의 성과와 과제를 이해한다.

[역사과 성취기준 예시]

---

2) 교사별 평가와 학교별 평가

Y의 사례에서 교사가 고민하는 지점 중 하나는 '교사별 평가'였다. 현재 일부 시도에서는 교사별로 수행평가를 다르게 실시할 수 있지만 대체로 교사별 평가는 자유학기제에서만 허용된다. 한편, 평가 기준을 수립하는 것은 단위 학교의 교과협의회이므로 지역의 다른 학교와 별개

로 운영된다. 비슷한 수행을 보인 학생에게 어떤 학교는 성적을 잘 주고 어떤 학교는 그렇지 않을 수 있다는 뜻이다. 물론 모든 교사가 표준화된 평가 기준을 가지고 평가하는 것은 불가능하다. 하지만 평가 결과가 교사의 영향을 너무 크게 받는다면 객관도 높은 평가로 보기 힘들다.

현재의 성취평가 체제에서 기준 성취율을 결정하는 것은 온전히 일선 학교의 교과협의회에 맡겨져 있다. 하지만 그 부담에 비해 어떤 성취가 어떤 성취수준에 해당하는지를 논의한 적은 거의 없다. 성취기준은 내용 요소를 제시하지만 그 이해의 깊이를 성취수준으로 나누는 것은 결국 교사가 가진 철학과 신념에 의존하는 구조인 것이다.

3) 입시제도와 교육과정의 연계성 강화

우리나라는 교육과정보다 입시제도에 더 관심이 높은 편이다. 그래서 학교교육은 입시에서 자유롭기 힘들다. 교육과정을 구현해야 하는 학교에서 입시와 교육과정을 모두 충족하는 방법은 간단하다. 교육과정에서 말하는 인재가 입시에서도 좋은 결과를 거두면 된다. 우리나라 입시제도가 원하는 인재는 교육과정에서 말하는 인재와 어느 정도 일치할까?

물론 학생의 능력을 완벽하게 변별하는 일은 쉽지 않다. 어떤 과정을 거치더라도 능력을 수치화해야 하며 완벽한 방법이 있으리라 생각하지 않는다. 하지만 정답을 맞혀서 점수를 획득하는 것이 전부가 되어 버린 교육은 아쉬움이 남는다.

학생은 자기 생각을 담거나 새로운 시도를 하는 것보다 정형화된 답을 작성하는 것이 높은 점수를 받을 것이라고 믿는다. 오류의 개수로 채점하는 시험에서 가장 좋은 전략은 감점을 피하기 위해 확실히 알고 있는 쉬운 것만 쓰는 것이다. 글을 쓰는 목적은 본래 본인의 생각을 정리하여 전달하는 것인데, 감점을 피하기 위한 글을 쓰다 보면 실제로 글쓰기 능력이 향상될지 의문이다. 문제 풀이를 위한 수업에도 아쉬움이 있다. 많은 학생이 적분을 배우지만 적분이 실생활에서 어떻게 적용되는지 설명할 수 있는 학생은 거의 없다. 단순히 숫자의 조작으로만 수학을 배우고 유형에 맞게 문제 푸는 법만을 배우기 때문이다.

교육과정이 학교에서도 설득력을 갖기 위해서는 결국 입시제도가 교육과정과 긴밀하게 연계되어야만 한다. 그러기 위해서는 자주적이며 창의적이고 더불어 살며 교양 있는 사람이 입시제도에서도 좋은 결과를 얻게 된다는 경험이 필요하다. 공정함은 선발에 필요조건이지만 충분조건이 아님을 인식하고 교육이 추구하는 가치가 충분히 반영된 입시제도에 대한 사회적 논의가 진행되어야 한다.

4) 성취평가를 위한 평가 개발

새로운 제도가 정착되는 데는 시간이 필요하다. 단순히 제도에 대한 이해를 위한 시간뿐 아니라 제도를 운용하는 사람들의 사고 전환과 경험의 축적에도 시간이 걸리기 때문이다. 성취평가제도 마찬가지다. 단순히 성취평가제로의 전환을 이해하는 것과 더불어 어떤 변화가 수반되어야 하는지에 대한 노하우가 축적되어야 한다.

성취평가제에서는 학생의 성취도에 따라 점수를 부여하므로, 평가의 목적이 학생의 성취를 파악하는 데 있어야 한다. 교사는 학기초에 수립한 평가 계획에 맞게 성취수준을 측정하는 도구로 평가를 개발해야 한다.

성취평가제의 평가는 성취 여부를 판단하기 위한 것으로, 기존의 평가와 달라야 한다. 변별력을 높이기 위한 시험문제는 여러 성취 요소를 함께 포함하여 개발되는 경우가 많았다. 예를 들면 산포도와 이차함수를 모두 잘 알아야만 풀 수 있는 문제가 출제되었다. 하지만 이 문제를 틀린 학생이 산포도의 성취가 부족한지, 이차함수의 성취가 부족한지를 판단하기는 힘들다. 그래서 성취평가제의 평가 문항은 측정하고자 하는 성취만을 정확하게 측정하기 위해 다른 요소들이 크게 개입되지 않도록 개발되어야 한다.

또한 수행평가 이외에 학생들의 성취를 확인할 수 있는 형성평가에 대한 연구도 필요하다. 다양한 형태로 학생의 성취를 수업 중에 확인하고 즉시 피드백할 수 있는 방법을 개발·공유하여 학생의 실질적인 성장을 돕는 평가를 설계할 수 있을 것이다.

성취평가제에 대해 이야기했지만, 여전히 어떻게 평가해야 하는지에 대한 명확한 해답을 얻지 못한 채, 오히려 더 많은 질문과 숙제를 안게 되었는지도 모르겠다. 하지만 공부는 결국 답이 아닌 질문을 얻게 되는 것이 아닐까? 그 질문을 바탕으로 내년이 올해보다 나아진다면 그것이 혹시 답이 되지 않을까?

성취평가제는 학교를 변화시켰을까?

성취평가가 시작된 지 10년째 되는 해를 맞았다. 성취평가제는 학교를 어떻게 변화시켰을까? 처음의 취지대로 학생들 사이에 배타적 경쟁심이 사라졌을까? 학생들의 수준에 맞는 맞춤형 교육이 이루어지고 있을까? 만약 그렇지 못하다면 그 원인은 무엇일까? 어떠한 개선이 필요할까? 6명의 교사가 학교 현장에서 느끼는 성취평가제에 관한 이야기를 나누어 보았다. (이 교사와 정 교사는 수석교사이며, 대화 내용은 대화 형식에 맞게 일부 수정되었다.)

진행자 : 성취평가제 시행 이후에, 이전과 비교하여 학교는 어떻게 달라졌을까요?

전 교사 : 과거에는 배운 내용에서 시험문제를 출제하고 점수를 매겼다면, 지금은 성취기준이라는 틀 안에서 평가 내용을 결정하게 된 점이 달라진 것 같습니다.

용 교사 : 예전에는 100점이 너무 많으면 안 된다는 강박 같은 것이 있었는데 지금은 변별을 위해 억지로 어려운 문제를 만들 필요 없이 수업을 열심히 들은 학생이 100점을 맞을 수 있는 문제를 내고 학생들이 본인 수준을 확인하고 만족할 수 있도록 한 점에서 긍정적인 변화가 있다고 생각합니다.

전 교사 : 하지만 여전히 A가 너무 많으면 알 수 없는 불안감이 있습니다. 예전처럼 반 평균을 맞추기 위해 반마다 채점 기준을 다르게 적용하거나 점수를 의도적으로 낮게 주지는 않지만, 그래도 반마다 편차가 크거나 A가 너무 많으면 이래도 괜찮은지 걱정됩니다.

황 교사 : 저는 교사를 시작한 지 오래되지 않아 학생으로 성취평가를 경험했습니다. 그래서 성취평가로 인한 변화는 교사보다 학생의 관점으로 판단하게 됩니다. 성취평가 이전에는 상대적인 위치를 통해 본인의 성취를 판단했다면 지금은 절대적 기준을 가지고 판단해야 합니다. 하지만 A를 받았다는 것이 어느 정도의 수행을 했는지 알 수 없는 상황에서 결국 학생들은 A가 몇 개인지를 가지고 자신의 성취를 확인할 수밖에 없습니다. 입시 자체가 경쟁적인 구도로 되어 있으며 사회에서 항상 경쟁하고 견제하는 분위기가 남아 있어, 서로 비교하고 경쟁하는 습관이 쉽게 사라지지 않는 것 같습니다. 성취평가제로 인해 교사가 점수에 대해 가지는 자율성은 커졌다고 생각합니다. 지필평가 이외에 다양한 형태의 평가로 점수를 부여할 수 있다는 점이 좋아졌다고 생각합니다. 하지만 여전히 성취를 수치화해야 하고 주변의 사례들을 보면 변별력을 가져야 한다는 압박에서 온전히 자유로울 수는 없기 때문에, 과거와 크게 달라졌다는 것을 체감하기는 힘듭니다.

오 교사 : 과열 경쟁과 입시 위주의 수업이 개선된 면은 있다고 생각합니다. 성취평가제로 인해 수업 방식이 변화했고 사회의 변화를 따라갈 기회가 주어졌지만, 실질적으로 성취평가제를 제대로 적용하지 못하는 경우가 많

기 때문에 평가가 달라졌다고 체감하기는 힘듭니다. 정책과 학교 현장 사이에 거리감을 느끼고 있고, 이로 인해 공교육에 대한 신뢰성을 잃게 되었다고 생각합니다.

이 교사 : 중학교에서 감지할 수 있는 가장 큰 변화는 변별과 선발을 위한 상대평가 개념이 거의 사라졌다는 점입니다. 물론 개별 교사에 따라 여전히 평균을 내고 석차를 내는 사례도 있기는 하지만, 평가를 상대적 서열을 매기기기 위한 도구로 여기는 경향은 많이 약해진 것 같습니다. 과정중심평가의 도입으로 성취기준에 기반을 두고 학생 한 명 한 명이 어느 정도의 성취에 도달했는지 확인하는 평가가 학교에 적용되는 단계인 것 같습니다. 하지만 여전히 성취평가를 단순하게 80점 이상 90점 미만을 B로 바꾸어 표기하는 정도로 느끼는 교사들도 많은 것 같습니다. 평가 의도나 방식, 의미의 변화보다는 표면적인 변화를 채택했기 때문이라고 생각합니다. 교사 개인의 잘못이라기보다는 정책을 도입하는 과정에서 문제가 있었던 것 같아요. 자료집만 제공하고 성취평가제의 의미나 의도 방법을 교사들이 알아서 다 이해하기를 기대하는 것은 무리였다고 봅니다.

진행자 : 현재 성취평가제는 학기초 평가 계획 수립 시 단위 학교의 교과협의회를 통해 학생들의 수준이나 상황을 고려하여 성취기준의 도달 정도, 최소 성취수준 등을 바탕으로 기준 성취율의 수행 정도를 정할 수 있게 하고 있습니다. 학교는 자율성을 가질 수도 있지만, 학교에 따라 혹은 담당 교사에 따라 학생의 성취도가 다르게 판단될 여지가 있습니다. 현재보다

더 높은 수준에서 성취도에 대한 표준화가 필요하다고 생각하시나요?

오 교사 : 앞으로 교육부가 그렇게 할 것 같은 느낌이 듭니다. 하지만 현재 교육 현장에서는 불필요하다고 생각합니다. 성취기준이 더욱 강력하게 적용될수록 교사의 자율성이 줄어들 것이며 수업보다 평가에 더 신경 쓰는 현상이 일어날 것 같습니다.

전 교사 : 너무 이상적이라고 생각합니다. 만약 그런 기준이 생긴다고 하더라도 각 학교급에서 실제로 적용했는지를 판단하기 힘들고, 만약 그 기준을 적용하지 않은 경우에도 교사에게 어떤 제한을 두기가 쉽지 않을 것 같습니다.

용 교사 : 성적이 입시에 반영되기 때문에 학생들은 A를 받지 못하는 것에 대해 스트레스가 많고 교사는 점수를 깎는 데 부담을 가지게 됩니다. 그래서 학생들의 수행능력에 비해 너무 많은 학생이 A를 받는다고 생각합니다.

황 교사 : 국가 수준의 표준화가 이루어질 수 있을지는 잘 모르겠지만, 최소한 같은 학년 같은 교과 안에서는 표준화가 필요하다고 봅니다. 평가는 객관성과 신뢰성을 가지고 있어야 하며 비슷한 성취를 보였으면 비슷한 결과가 나와야 평가에 대한 신뢰도도 높일 수 있을 것입니다.

이 교사 : 국가수준 교육과정을 모든 학교에 적용한다면 성취기준별로 일

정한 수준의 기준을 가져야 하는 것이 아닌가 생각하면서도, 우리나라 상황에서 모든 학교에 동일한 기준을 적용하는 것은 순기능보다는 역기능이 많다는 것이 솔직한 마음입니다.

성취평가의 본래 취지가 학생마다 교사가 선정한 목표에 이를 수 있도록 수업을 설계하고, 교수학습 평가 과정에서 학생들의 성장을 적극적으로 지원하여, 모든 학생이 배움과 성장을 경험할 수 있게 학교별 맞춤형 교육과정을 지원하는 것이므로 학교마다 성취기준을 다르게 가지는 것이 타당하다고 생각합니다.

다만 자율성은 전문성에 기반해야 하므로 평가 전문성을 갖추기 위한 노력이 수반되어야 합니다. 성취기준과 평가 기준을 어떻게 해석해야 하는지, 어떤 요소들이 중요한지에 대한 논의와 함께 정책에 대한 이해, 실제 운영 능력을 갖출 필요가 있다고 생각합니다.

정 교사 : 평가를 어떤 관점으로 바라보는지가 중요한 것 같습니다. 중요한 것은 학생들을 성장시켜야 하는 과업이며 평가를 이 과정의 일부로 해석해야 한다는 것입니다. 따라서 학교의 상황에 따라 필요한 성취기준을 구성하는 것이 꼭 필요하고 이 과정에서 교사들이 학교의 교육과정을 구성하기 위한 많은 논의와 노력이 수반되어야 합니다. 평가는 어떤 학생이 몇 점을 받았는지보다 이 학생이 어떤 성취를 했으며 어떤 학습이 필요한지 판단하는 과정으로 해석되어야 합니다.

모두 같은 기준을 적용했을 때 교사의 자율성이 제한될 수 있으며 그러기에는 성취에 대한 사회적 합의 과정이 필요하므로 조심스럽게 접근해야 한다고 생각합니다.

진행자 : 현재 성취기준에서 어떤 점에 대한 개선이나 보완이 필요할까요?

황 교사 : 솔직히 고백하면 성취기준에 대한 이해도가 높지 않다고 생각합니다. 항상 과정중심평가, 성취평가 이런 거대한 개념에 대한 이야기만 들었지 실제로 어떻게 해야 하는지에 대해 이해하기 힘들었습니다. 임용시험에서도 성취기준 관련 내용이 없었는데, 학교에서 바로 성취기준을 사용해야 하기 때문에 교원양성과정을 통해 성취기준에 기반한 수업 설계가 익숙해져야 하고 교사가 된 후에도 이와 관련된 연수가 필요합니다.

오 교사 : 성취기준이 담고 있는 지식, 기능, 태도 중 태도에 대한 성취기준이 필요합니다. 실제로 태도에 대한 성취기준이 부족하며 어떤 과제로 태도를 평가해야 하는지, 어떤 수준이 있는지 등이 모호해서 현장에서 적용하기 힘듭니다.

전 교사 : 성취기준에 대한 해석이 사람마다 다르게 적용될 수 있다 보니 실제로 과제를 설계할 때 성취기준에 근거한 평가를 하기보다 평가에 근거할 수 있는 성취기준을 찾게 되는 것 같아요. 그렇게 만든 이유가 있으리라 생각하면서도, 내가 이 성취기준을 의도대로 해석해서 평가하고 있는지에 대해 자신이 없습니다.

이 교사 : 교수학습 과정을 설계할 때, 성취기준을 분석하면서 시작하지만, 그 궁극적인 목적은 학습을 통해 변화하는 학생의 도달점을 설정하는 데 있다고 생각합니다. 즉 교육과정이 추구하는 인재상, 역량 등을 살피고 그것을 제대로 가르치고 평가하기 위한 세부 목표(성취기준)를 학기별로 선정해야 합니다.

2015 개정 교육과정의 성취기준은 교과마다 차이가 많은데, 교과에 따라 성취기준이 교육과정에서 추구하는 인재상 또는 교과 역량과 직접적인 관련이 있는지 불분명한 경우가 있습니다. 앞으로 교육과정에서는 교육과정에서 추구하는 바와 긴밀하게 연결된 성취기준이 필요하다고 생각합니다. 성취기준에 기반하여 수업과 평가를 진행했을 때 우리 교육과정에서 추구하는 인재가 육성되도록 교육과정의 목표와 성취기준이 긴밀한 연관성을 가져야 한다고 생각합니다.

정 교사 : 모든 것을 만족시키는 제도를 만들기는 쉽지 않습니다. 2015 개정 교육과정에서 말하는 역량도 구체화할 필요가 있지만, 학년별, 학교급별 수준이나 해당 학년 내에서의 수준을 정하기는 힘든 것이 현실입니다. 결국은 이에 대한 해석도 학생들의 성취를 위하여 교사의 해석과 주관적인 판단이 필요하다고 생각합니다.

진행자 : 성취평가제가 학교 현장에 적용되기 힘든 이유도 알 수 있었고 앞으로 어떤 변화들이 필요한지도 잘 들어 보았습니다. 제도 자체가 중요하다기보다는 학생들의 변화를 추구하는 교사의 태도가 중요하다는 생각을

얻게 된 시간이었습니다. 성취평가제에 대한 솔직한 생각과 의견을 나누어
주셔서 감사합니다.

3

테크놀로지 활용, 어떻게 할까?

_국어과 사례를 중심으로

피드백의 늪에 빠지다

사례 하나

국어 교사인 H는 평소에 학생들이 앞으로 살아가면서 꼭 필요한, 실제적이고 쓸모 있는 수업을 하고 싶었다. H는 4년 차가 되던 해에 받았던 1급 정교사 자격 연수에서 한 학기 동안 한 권의 책을 읽고 깊이 있는 글을 쓰는 서평 쓰기 수행평가를 접하게 되었고, 학생들이 한 권의 책을 읽고 3쪽 정도로 자신의 생각을 쓸 수 있다면 그보다 더 좋은 국어 공부는 없을 것이라고 생각했다. 그리고 그 이듬해부터 서평 쓰기 수행평가를 진행했다.

처음에는 쓸 내용을 많이 만들어서 무작정 분량을 채우도록 하는 것에 급급했다. 그러나 여러 해를 거듭하면서 글을 쓰는 과정에서 제공되는 교사의 피드백을 통해 학생들의 학습이 이뤄짐과 동시에 학생들은 글을 쓰는 방법을 배우며 성장한다는 것을 깨달았다.

하지만 서평 쓰기를 진행하며 피드백을 하는 과정이 상상 이상으로 어마어마한 시간과 노력이 필요하다는 것이 문제였다. H는 한 학기에 걸쳐 매주 한 시간씩 서평 쓰기를 진행하였는데, 일주일에 한 시간이지만 담당하는 모든 반의 활동지를 걷어서 일일이 검토하다 보면 일주일 내내 피드백만 하다가 시간에 쫓기기 일쑤였다. 게다가 국어 시간에 서평 쓰기만 진행하는 것이 아니다 보니 우선순위에 밀려 결국 수업 전날에서야 학생들의 과제물을 검토하기 시작해서 새벽까지 피드백을 하는 일이 반복되었다. 학생들의 글은 개인차가 커서 어떤 글은 한두 문장 정도로 피드백할 수도 있지만 어떤 글은 어디서부터 어떻게 피드백해야 할지 막막했다. 그런데다 학생들이 활동지를 안 가져오거나, 피드백을 해 준 활동지를 잃어버리는 경우도 많아 개별 학생의 글쓰기 진행 상황을 파악하는 것도 어려웠다.

매시간 작성한 학생 과제물을 일일이 걷어서 피드백한 후 다시 나눠 주고, 다음 활동을 한 후 또 걷어서 피드백하여 나눠 주는 과정으로 수업을 진행하는 것이 학생들의 성장에 큰 도움이 된다는 것은 잘 알지만, 언제까지 이렇게 지속할 수 있을지 고민이 되기 시작했다.

사례 둘

H는 평가 계획을 세울 때 평가의 단계를 최대한 블룸Bloom의 교육

목표 분류학에 맞추려고 노력했다. 듣기·말하기, 읽기, 쓰기, 문법, 문학 등 영역에 따라 조금씩 다르지만 지식에 대한 기억 및 이해 단계, 적용 및 분석 단계, 평가 및 창안 단계의 순서로 평가가 이뤄질 수 있도록 계획한 것이다. 예를 들어 설명하는 글쓰기에 대한 수행평가를 총 30점으로 계획했을 때 첫 번째 단계는 설명 방법에 대한 개념을 이해하였는지 확인하는 것이다. 보통 개념 이해는 5점 만점의 서술형 형성평가로 실시하였는데, 개념에 대한 단순 암기보다는 개념을 얼마나 이해하고 있는지를 확인하기 위해서는 선택형 평가보다는 서술형 평가가 적합하다고 생각했기 때문이다. 또한 개념에 대한 이해는 해당 수행 과정을 진행하면서 꼭 알고 있어야 했기 때문에 이해가 부족한 경우에는 재평가를 통해 학습이 이뤄지고 난 뒤에야 다음 단계로 넘어갈 수 있도록 하였다.

하지만 개념 이해 단계의 평가를 몇 차례 진행하다 보니 일부 학생들은 개념을 이해하기보다는, 교과서에서 개념을 설명하는 15줄 내외의 문장을 무작정 외워서 쓰려 한다는 것을 알게 되었다. 심지어 자기가 외운 것을 모조리 적어서 그 안에 정답이 포함될 수 있게 답안을 작성하는 학생까지 생기자, H는 서술형 문항을 보다 정교하게 제작하여 학생들이 단순 암기에 그치는 것이 아니라 이해한 내용을 바탕으로 적용하고 분석할 수 있도록 하였다.

하지만 이렇게 하다 보니 5점에 대한 평가 문항 제작과 채점에 너무 많은 시간이 들면서 H는 부담이 되기 시작했다. 또한 학생들은 학생들대로 이전보다 한층 까다로워진 문제 때문에 평가에 대한 부담을 갈수록 크게 느끼게 되었다. 결과적으로 학생들 입장에서는 수행평가 30점 중 5점에 해당하는 개념 이해하기 단계가 가장 어렵고 많은 시간을 할애하여 공부해야 하는 평가가 된 것이다.

H가 애초에 의도한 것은 이런 것이 아니었다. 개념 이해에 대한 단계를 배워 이를 적용하고 분석하는 단계를 통해 익히는 것에 중점을 두고자 했는데 지식에 대한 학습이 전부가 된 것 같았다.

교사가 의도한 대로 평가가 이뤄지기 위해서는 어떻게 해야 할까?

학습 과정으로서의 평가가 강조되면서 평가는 곧 피드백이라고 할 만큼 교수학습 과정에서 피드백의 비중이 커지고 있다. 앞선 사례에 나타난 H의 고민 역시 피드백과 관련 있다. 학생들이 학습 과정을 통해 성장할 수 있도록 수업의 과정마다 피드백을 하는 것, 그리고 이러한 피드백을 지치지 않고 꾸준히 할 수 있는 방법을 찾으려는 것, 학생들의 학습 결과를 바탕으로 교사가 평가 방식을 고민하는 것 등은 모두 과정중심 수행평가의 비중이 점차 늘어나면서 나타난 모습들이다.

1장에서 살펴봤듯이 과정중심평가와 형성평가의 핵심은 피드백이다. 하지만 피드백의 중요성을 아는 것과 이를 실천하는 것은 별개의 문제이다. 학생들의 학습을 돕는 유의미한 피드백은 교사 개인의 노력만으로 이뤄질 수 있는 게 아니라 교육 여건이 함께 뒷받침되어야 한다. 특히 교사의 주당 수업시수나 교사 1인당 담당 학생 수가 적을수록 피드백의 수준이나 질은 높아지기 때문에 그렇지 못한 상황에서는 교사가 밤잠을 줄여 가며 피드백을 한다 해도 벅찰 것이다.

미래교육의 대표적인 사례로 종종 언급되곤 하는 미네르바 스쿨의 교수도 학생 개개인에게 상세한 피드백을 해 주는 것 때문에 극한직업이라는 말까지 나왔다고 할 정도니, H의 고민을 해결한다는 것은 우리나라의 교육 여건을 고려할 때 먼 미래에나 가능한 일일지도 모른다. 그렇다면 지금 당장은 피드백의 늪에 빠진 교사를 구할 방법이 없을까?

교사의 피드백 부담을 줄이면서 학생들에게 유의미한 피드백을 제공할 수 있는 방법은 무엇이 있을까? 여기서는 그 방법 중 하나로 테크놀로지를 활용한 평가 및 피드백 과정을 살펴보려고 한다. 이를 위해 다음 세 가지 질문에 대한 답을 찾아가 보자. 이 질문들을 통해 평가와 피드백을 할 때 테크놀로지를 활용하는 것이 필요한 것인지, 필요하다면 어떻게 활용해야 할지 함께 고민해 보자.

- 효과적인 피드백이란 무엇인가?
- 테크놀로지를 활용할 때 고민해야 할 것들은 무엇인가?
- 테크놀로지를 활용한 평가 및 피드백, 어떻게 해야 할까?

테크놀로지 활용의 가능성

1) 효과적인 피드백이란?

피드백은 '학생의 평가 결과를 토대로 성적(점수, 등급, 석차 등)을 알려 주거나 정·오답 여부를 알려 주는 것'이라는 좁은 의미부터, '학생의 인지적·정의적 측면에서의 전반적인 성장을 위해 교사와 학생이 상호 의사소통하는 모든 행위'라는 넓은 의미까지 모두 포함한다고 할 수 있다(김성숙 외, 2015). 이렇듯 피드백의 범위가 좁게는 평가의 정·오답 확인부터 넓게는 학생의 성장을 위한 상호작용까지 포괄하다 보니 어디에 초점을 맞추는지에 따라 피드백의 내용이 조금씩 달라진다. 어떤 것이 효과적인 피드백인지에 대한 정의도 연구자마다 조금씩 차이가 있는데, 이에 대한 몇 가지 내용을 소개하면 다음과 같다.

해티와 팀펄리(2007)는 피드백을 네 가지 수준, 과제 또는 과업task에 대한 피드백, 과제를 수행하는 과정process에 대한 피드백, 자기조절self-regulation에 대한 피드백, 개인적 특성self으로 나눈다. 모든 피드백은 학습 맥락 안에서 이뤄져야 효과적이라는 것을 강조하며, 각 수준마다 세 가지 질문, '나는 어디로 가야 하는가?'(피드업), '나는 어떻게 하고 있는가?'(피드백), '다음은 어디로 가야 하는가?'(피드포워드)에 대해 답을 해야 한다고 밝히고 있다.

프레이와 피셔(2021)는 적시성, 구체성, 이해 가능성, 실행 가능성을 좋은 피드백의 기준으로 제시한다. 피드백이 적절한 시기에 이뤄졌는지, 지금까지 무엇을 잘했고, 무엇에 집중해야 하는지에 대한 구체적인 내용이 담겨 있는지, 학생들이 이해할 수 있는 용어로 표현하고 있는지, 학생들이 피드백 정보를 활용해 실제 자신의 행동을 바꿀 수 있는지가 중요하다고 말한다.

김선과 반재천(2021)은 효과적인 피드백을 하기 위해 평가적 피드백보다는 조언적 피드백을 해야 한다는 것을 강조하면서 두세 가지의 잘된 점과 한 가지의 개선점을 활용할 것을 제안한다. 또한 학생들에게 피드백을 사용할 기회를 제공할 것, 피드백을 시의적절하게 제공할 것, 피드백의 내용은 학생이 이해할 수 있도록 구체적이고 명확하게 제공할 것, 피드백의 양과 횟수는 학생이 이해하고 활용할 수 있는 정도로 할 것 등을 제시한다.

김성숙 외(2015)는 성공적인 피드백의 조건으로 피드백의 시기가 학생이 자신의 학습을 교정할 기회가 없을 만큼 늦어서는 안 된다는 것, 피드백의 빈도가 단발적으로 제시되어서는 안 되고 학습이 이뤄지는 내내 지속적으로 주어져야 한다는 것, 긍정적 피드백과 부정적 피드백이 균형을 이뤄야 한다는 것, 피드백의 효과를 높이기 위해서 학생의 참여를 촉진하는 교실 분위기를 조성해야 한다는 것, 피드백의 내용을 학생이 정확히 이해할 수 있어야 한다는 것 등을 제시한다. 또한 해티와 팀펄리(2007)의 피드백의 네 가지 수준 중에서 학생의 개인적 특성에 초점을 맞춘 피드백은 학습목표와 연관되지 않은 정보로 구체적인 학습 내용보다는 전체적으로 잘했다, 못했다고 언급하여 개인에 대한 가치판단적 정보로 여길 수 있기 때문에 지양해야 한다고 말한다.

이런 내용들을 종합하면, 피드백은 허용적인 학습 분위기 속에서 평가보다는 조언하듯이, 적시에, 구체적인 내용으로, 학생들이 이해할 수 있는 수준의 표현을 사용하여, 지속적으로 제공될 때 효과적이라는 것을 알 수 있다.

피드백의 의미를 넓게 본다면 학생의 성장을 위한 교사와 학생의 의사소통 과정이라고 할 수 있다. 연구자들의 논의를 종합한 내용처럼 피드백을 위해서는 무엇보다 교사와 학생이 만나는 시간, 교사가 학생 개개인에게 할애할 수 있는 시간을 많이 확보하는 것이 가장 중요한 과제일 것이다. 학급당 학생 수를 감축하려는 것, 교사가 담당하는 행정 업무를 줄여 나갈 수 있도록 하는 것, 교사의 주당 수업시수를 조정하려는 것 등은 교사와 학생이 소통할 수 있는 시간을 확보하기 위한 교육정책 차원의 노력이다.

학교 현장 차원에서 교사와 학생들이 보다 편리하게 활발한 의사소통을 할 수 있는 방법 중 하나는 바로 테크놀로지를 활용하는 것이다. 하지만 모든 테크놀로지가 그렇듯이 테크놀로지를 수업 및 평가에 활용할 때 역시 어떻게 활용하는지에 따라 학습에 도움이 될 수도 있고 방해가 될 수도 있다. 따라서 무엇보다 중요한 것은 테크놀로지를 교수학습 상황과 목적에 맞게 선택하고 활용하는 것이다.

'블렌디드 러닝'과 '테크놀로지 교수 내용 지식'은 교수학습 상황과 목적에 맞게 테크놀로지를 활용할 수 있는 방법을 제시한다. 테크놀로지, 그중에서도 온라인 도구를 활용한 학습과 관련된 블렌디드 러닝과 테크놀로지 교수 내용 지식의 개념을 설명하는 티팩TPACK을 통해 테크놀로지를 활용할 때 고려해야 할 점들에 대해 살펴보자.

2) 블렌디드 러닝(blended learning)과 티팩(TPACK)

얼마 전까지만 해도 '교육은 인터넷의 마지막 미개척지'라고 할 만큼 학교는 급변하는 사회와 한참 동떨어진 모습이었다. 변화에 뒤처진 학교의 모습을 단적으로 드러내는 '19세기 교실에서, 20세기 교사가, 21세기의 학생을 가르친다.'는 표현은 이제는 격언처럼 느껴질 정도이다. 하지만 이를 단순히 학교가 테크놀로지를 활용하려는 노력이 부족했기 때문이라고 치부하기는 어렵다. 학교 현장에서는 나름대로 변화의 흐름을 쫓으며 파워포인트와 같은 소프트웨어를 비롯하여 빔 프로젝터나 전자칠판과 같은 하드웨어 등의 테크놀로지를 활용하려는 노력을 해 왔기 때문이다.

사실, 문제의 본질은 테크놀로지를 어떻게 바라보았으며 어떤 역할을 기대했는가에 있다. 지금껏 학교에서 테크놀로지를 활용한 교육에 좀처럼 진전이 없었던 이유는 테크놀로지의 활용 주체를 학생보다는 교사로 생각하고 이를 교사의 시각에서만 활용하려고 했기 때문이다. 특히 학생이 아닌 교사가 중심이 되는 수업에서 이런 시각으로 테크놀로지를 활용하게 되면 테크놀로지에게 기대하는 것 역시 지식의 저장소 또는 지식의 전달자 역할을 해 왔던 교사를 돕거나 대체하는 것에 그치고 만다. 이런 배경에서 도입된 테크놀로지가 기대만큼의 영향력을 발휘하지 못하게 되면서 학교에서는 교육에 테크놀로지를 활용한다는 것에 대해 영화 속에나 나올 법한 먼 미래쯤의 일로 생각하게 된 측면도 있다. 결과적으로 사회 변화의 흐름 속에서 학생들의 삶에는 이미 테크놀로지가 깊숙이 들어왔지만 학교에서는 이를 수업과 평가에 활용하는 것에 대해 좀처럼 진척을 보이지 못하게 된 것이다.

테크놀로지에 대한 관심과는 별개로 교육을, 학교에서 이뤄지는 수업과 평가를 보다 나은 방향으로 바꾸기 위한 노력은 끊임없이 계속되어 왔으며 이는 지금도 진행형이다. 그 방향의 기본 철학 중 하나는 교사 중심으로 이뤄지던 교육활동을 학생 중심으로 바꿔 학생들이 스스로 학습할 수 있는 교육 환경을 조성하자는 것인데, 테크놀로지의 활용 역시 학생 중심적인 시각에서 바라봐야 한다.

제인과 데이비드 그리고 로즈(2011)는 학생들이 교사나 교과서에서 말한 것을 재생산하기 위해 테크놀로지를 활용하는 것이 아니라 학생들이 알고 있는 것을 표현하기 위해 테크놀로지를 활용해야 한다고 말한다. 또한 학생들이 학습을 하는 데 있어서 테크놀로지를 함께하는 도구로 생각해야 학습의 본질에 가까이 다가갈 수 있다고 말한다.

테크놀로지, 그중에서도 특히 온라인 도구(여기서 다루는 '테크놀로지'는 대부분 온라인 학습 도구와 관련된 것이다. 기본적으로 '테크놀로지'로 통칭하지만 정확한 이해가 필요한 경우에만 '온라인 도구'로 표현한다.)를 활용한 학습을 할지 말지는 더 이상 선택의 문제가 아니다. 현재는 물론이거니와 학생들이 앞으로 살아갈 삶에서 온라인 도구를 제외한다는 것은 상상할 수 없기 때문이다. 학생들의 삶 속에 테크놀로지가 차지하는 비중이 커질수록 테크놀로지를 활용한 학습이 더욱 활발히 이뤄져야 학생들은 자신들의 삶에 필요한 것들을 효율적으로 배울 수 있다.

예를 들어 국어 시간에 '설명하는 글쓰기'를 학습할 경우, 인터넷을 통한 자료수집이 불가능한 상황에서는 풍부한 배경지식을 바탕으로 글을 길게 쓰는 학생이 글을 잘 쓰는 것으로 평가받을 가능성이 높다. 하지만 인터넷을 통한 자료수집이 가능한 상황이라면, 단순히 글을 길게 쓰는 것보다는 신뢰성 있는 정보를 수집하여 글을 쓰는 학생이 글을 잘 쓰는 것으로 평가받을 수 있을 것이다. 또한 온라인 공간에서 자료를 수집하여 검증하고 이를 다른 사람들과 공유하고 협력하여 글을 쓰게 되는 등 학생들이 성인이 된 후 마주하게 될 글쓰기 장면을 생각해 본다면 '설명하는 글쓰기' 수업에서 온라인 도구 사용의 필요성은 명확해진다.

최근에는 많은 학교에서 온라인클래스ᴱᴮˢ, 클래스룸ᴳᵒᵒᵍˡᵉ 등의 플랫폼에서부터 줌ᶻᵒᵒᵐ, 패들렛ᵖᵃᵈˡᵉᵗ과 같은 테크놀로지를 활용하여 교육활동을 하고 있다. 테크놀로지를 활용한 수업, 그중에서도 특히 온라인 도구를 활용한 수업에 대한 경험이 쌓이면서 자연스럽게 '블렌디드 러닝'에 대한 관심도 높아졌다.

마이클과 헤더(2014)는 블렌디드 러닝의 성립 조건으로, 온라인 학습을 통한 부분, 학교 현장에서의 관리 부분, 통합 학습경험을 제시한다. 구체적으로 살펴보면 첫 번째는 학생이 시간, 장소, 순서 그리고 속도를 조절하면서 적어도 일정 부분을 온라인 학습을 통해 학습하는 정규교육 프로그램이어야 한다는 것이고, 두 번째는 집이 아닌 물리적 환경에서도 학생이 일정 부분 관리를 받으며 학습해야 한다는 것이며, 세 번째는 학습 과정과 과목에서 각 학생의 학습 순서에 따른 여러 학습 형태(온라인 또는 오프라인)는 하나의 완전한 학습경험을 제공하기 위해 서로 연결되어 있어야 한다는 것이다.

이들은 수업이 이 세 가지 조건을 충족할 때 비로소 블렌디드 러닝으로 볼 수 있으며 이를 통해 학생 중심 학습, 개별 맞춤화나 역량기반 학습 등 학생이 중심이 되는 수업이 가능하다고 말한다. 또한 자기주도적인 온라인 학습을 촉진하여 강의에 얽매인 교사의 역할을 확장시킴으로써 학습 설계자, 멘토, 촉진자, 평가자, 상담가의 역할을 수행하며 학생 한 명, 한 명을 만나게 해 줄 수 있다고 말한다.

이와 같은 블렌디드 러닝에 대한 전망은 낙관적인 면만 지나치게 강조하는 측면도 있다. 하지만 교사가 학생 전체를 대상으로 하는 강의의 비중을 줄여야 학생들과 개별적인 소통을 자주 할 수 있다는 것은 주목할 만한데, 이는 앞서 '효과적인 피드백이란'에서 언급한, 교사가 학생 개개인에게 할애할 수 있는 시간을 확보하는 것과도 맞닿아 있다. 또한 테크놀로지를 활용하여 학생들이 자기주도적인 학습 능력을 키워 나갈 수 있도록 한다는 것도 충분히 공감할 만한데, 이때 중요하게 생각해야 하는 점은 어떤 테크놀로지를 활용해야 하는가이다.

어떤 테크놀로지를 활용할지 선택하기 위해서는 우선 테크놀로지에 대한 이해가 필요할 것이다. 이해가 필요하다는 것이 모든 테크놀로지에 대한 정보를 세세하게 알고 있어야 한다는 뜻은 아니다. 수많은 테크놀로지에 대해서 교사가 일일이 그 기능을 이해한다는 것은 물리적으로 불가능할뿐더러 그럴 필요도 없다. 앞으로 더 많고 다양한 기능의 테크놀로지가 생겨날 것이고 그 과정에서 지금 사용하고 있는 대부분의 테크놀로지들은 얼마 지나지 않아 사라질 가능성이 높기 때문이다.

테크놀로지에 대한 이해가 필요하다는 것은 테크놀로지를 활용한 학습을 통해 학생들의 보다 나은 성장이 이뤄질 수 있는지, 또한 테크놀로지를 활용함으로써 학생들이 원활하게 자기주도적인 학습을 할 수 있는지, 학생들이 언제 어디서든 쉽게 접근할 수 있도록 하는지, 교사가 학생들에게 피드백을 하는 과정이 보다 쉽고 편하게 이뤄질 수 있는지 등을 고려할 필요가 있다는 뜻이다.

티팩TPACK: technological pedagogical content knowledge 개념은 테크놀로지를 이해하는 데 많은 도움을 줄 수 있다. 티팩TPACK은 미슈라와 쾰러(2006, 2009)가 수업에 테크놀로지를 활용할 때 고려해야 할 것들을 제안한 것으로 슐만(1986)의 교수 내용 지식PCK: pedagogical content knowledge 개념에 기초하고 있다.

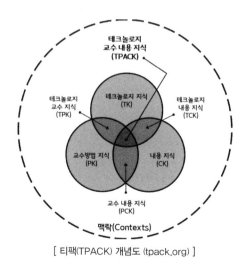

[티팩(TPACK) 개념도 (tpack.org)]

슐만(1986)은 교과의 내용 지식^{CK: content knowledge}과 교수방법 지식^{PK:} ^{pedagogical knowledge}은 상호배타적이지 않기 때문에 교사는 교육적 맥락 속에서 교수방법 지식을 통해 재구성한 교과 내용 지식, 즉 교과 내용에 대한 교수방법 지식인 교수 내용 지식^{PCK}을 갖추고 있어야 한다고 밝힌 바 있다.

미슈라와 쾰러(2006)는 여기에 테크놀로지 지식^{TK: technological knowledge}을 더해 내용^{content}, 교수방법^{pedagogy}, 테크놀로지^{technology} 이 세 가지 지식 체계의 교집합에 해당하는 테크놀로지 교수 내용 지식(TPCK: 불편한 자음 발음이 연속되는 'TPCK' 대신 'TPACK'으로 바뀌게 되었다.)을 제안하였다. 교사는 전문가로서 학습 맥락 속에서 각기 다른 영역의 지식에 대한 이해를 바탕으로 티팩^{TPACK}을 재구성할 수 있어야 하는데, 이는 단순히 테크놀로지를 활용하는 것만으로는 유의미한 학습으로 이어지지는 않는다는 것을 전제한다.

티팩^{TPACK}은 테크놀로지를 활용함으로써 얻을 수 있는 교육적 효과를 교수 내용 지식^{PCK}과 관련지어 생각해 보자는 개념이다. 테크놀로지 자체만 놓고 판단하기보다는 학생들이 교과 내용을 학습하는 과정에서 테크놀로지를 활용하여 무엇을 할 수 있는지를 교수방법 및 학습이 이뤄지는 맥락과 연관 지어 생각해 볼 수 있도록 하는 데 그 의의가 있는 것이다. 이는 테크놀로지를 활용한 평가를 고려할 때도 마찬가지다.

3) 하이터치 하이테크 학습(high-touch high-tech learning)

미래에 사라질 가능성이 높다고 거론되는 직업들은 대부분 테크놀로지가 대체할 수 있는 일이거나 조만간 그렇게 될 것으로 예측되는 일들이다. 비교적 단순한 일이거나 매우 위험한 일일 수도 있고, 당장은 아니지만 그렇게 되었을 경우 훨씬 더 편리해지는 일이기 때문일 수도 있다. 교사는 미래에 사라지지 않을 직업으로 많이 거론되지만 반대로 사라질 직업의 상위 목록에 언급되기도 한다. 후자의 경우에는 아마 교사의 업무를 단순히 지식을 전달하는 것으로 보기 때문일 것이다. (물론 여기서도 지식을 무엇으로 정의할 것인지, 그리고 전달 행위를 어떻게 바라볼지에 따라 다양하게 논의될 수 있을 것이다.)

이주호 외(2016)는 현재 우리 교육이 아는 것을 물어보는 시험 중심의 교육에 함몰되어 실험과 실습, 훈련 등을 통해 몸에 익히는 것을 소홀히 하고 다른 사람의 감정을 관리하는 것과 관련되는 정의적 영역도 소홀히 여기고 있다고 지적한다. 또한 블룸의 교육목표 분류를 예로 들어 현재의 강의식 수업과 선다형 평가는 기억하기와 이해하기 수준의 사고 능력만 강조하고 있는데, 앞으로는 지식을 현실에 적용하고 분석·평가, 창조하는 수준까지 나아가야 한다고 말한다.

하이터치 하이테크 학습은 이러한 상황에서 교사가 테크놀로지 도구를 효과적으로 활용하는 방안에 대한 학습 모델을 제안한다. 이주호(2020)는 암기하고 이해하는 학습은 훨씬 더 효과적으로 학생 개개인에 맞추어 지원하는 컴퓨터와 인공지능의 하이테크에 맡기고, 교사는 적용, 분석, 평가, 창안의 역량을 키우는 보다 높은 차원의 학습에 집중하면서 정의적 역량을 키워 주는 하이터치로 가야 한다고 말한다. (이 모델은 존슨(2018)의 적응+능동형 학습(adoptive+active learning)의 이론과 존 나이스빗(1999)이 미래의 교육은 하이터치와 하이테크를 결합하는 방식으로 나아갈 것이라고 말하면서 사용한 명칭에서 착안하였다고 밝히고 있다.)

즉 하이터치 하이테크 학습 패러다임은 지식이 중심이 되는 영역은 테크놀로지를 활용한 학습으로 대체하고, 교사는 프로젝트 학습 등을 통해 높은 차원의 사고력을 길러 주는 활동에 집중하자는 것이다(김신애·방준성·권희경, 2018).

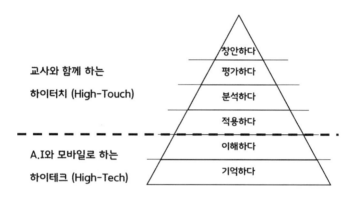

[하이터치 하이테크 학습(이주호, 2020)]

예를 들어 평가할 때, 기억하고 이해했는지를 확인하는 선택형(또는 단답형) 문항은 자동 채점이나 반복학습이 가능한 온라인 도구를 활용하여 학생들이 스스로 학습할 수 있도록 하고, 적용하기나 분석하기 등 사고력을 요구하는 서술형 문항은 교사가 직접 개별 피드백을 제공한다면 비교적 단순한 형태이기는 하지만 하이터치 하이테크 학습이 이뤄졌다고 볼 수 있다.

흔히 교육의 변화와 혁신의 필요성을 강조하면서 '지식 위주의 교육을 탈피하여'라는 말을 사용할 때가 많다. '지식 위주의 교육'이 '주입식 교육', '교사 중심 교육', '시험만을 위한 교육'과 같은 의미로 사용되면서 나온 말이지만 이는 자칫 지식 교육이 필요 없다는 것으로 오해될 수 있다.

하지만 지식을 기억하고 이해하는 것은 적용, 분석, 평가, 창안하는 것의 기초가 되기 때문에 학습에서 꼭 필요한 부분이다. 지식 위주의 교육을 탈피한다는 말은 그간 오랫동안 지식만을 지나치게 강조해 왔기 때문에 지식 외에도 기능에 해당하는 부분의 비중을 높여 가자는 의미 정도로 이해하면 될 것이다.(그러나 앞으로 A.I.와 같은 기술이 발달할수록 '평가하다, 창안하다' 등을 포함한 인지적 영역 전체를 테크놀로지가 담당하고, 교사는 정의적 영역을 담당하게 될 날이 올지도 모른다.) 지식을 기억하고 이해하는 것과 이를 적용이나 분석, 창안하는 학습의 비중은 교과 특성이나 내용, 학교급(초·중·고)이나 학생들의 학습 능력에 따라 달라지기 때문에 이는 교사가 전문가로서 판단해야 하는 부분일 것이다.

국어과는 듣기·말하기, 읽기, 쓰기, 문법, 문학으로 하위 영역이 나뉜다. 이 중에서 듣기·말하기, 읽기, 쓰기는 의사소통의 도구로써 일상생활과 학습에 필요한 기본적인 능력이므로 국어 수업에서 가장 중요하게 다뤄져야 하는 영역이라고 할 수 있다. 하지만 듣기·말하기나 쓰기처럼 수행평가에 적합한 영역은 문학이나 문법처럼 선택형 지필평가에 비교적 용이한 영역에 비해 상대적으로 소홀하게 다뤄졌던 것이 사실이다.

2015 개정 교육과정에서는 국어과의 첫 번째 목표로 '다양한 유형의 담화, 글, 작품을 정확하고 비판적으로 이해하고 효과적이고 창의적으로 표현하며 소통하는 데 필요한 기능을 익힌다.'라고 하고 있으며, 두 번째 목표로는 '듣기·말하기, 읽기, 쓰기 활동 및 문법 탐구와 문학 향유에 도움이 되는 기본 지식을 갖춘다.'를 제시함으로써 기능 교과로서의 특성을 강조하고 있다.

김희경 외(2014)는 온라인 형성평가 시스템 설계를 위해 국어과 개념 및 하위 유형을 블룸의 교육목표 분류에 맞춰 제시하여 국어과의 특성을 보다 구체적으로 분류한 바 있다. 국어 지식을 정리하고 설명하는 것은 '이해하다', 지식이 어떻게 구현되고 기능하는지는 '분석하다', 지식을 활용하는 것은 '적용하다', 타당성이나 적절성을 평가하거나 수행 과정이나 결과를 점검하고 조정하는 것은 '평가하다', 말하기 및 쓰기를 효과적으로 구성하여 표현하는 것은 '창안하다'로 나누어 설명하였는데, 역시 기능 교과로서의 특성이 드러나는 부분이라고 볼 수 있다.(블룸의 교육목표 분류에 있는 '기억하다'의 경우는 학습의 기본으로 모든 영역에 해당하기 때문에 삭제하였다고 밝히고 있다.)

국어과 개념 및 하위 유형
(* 출처 : 김희경 외(2014)에서 제시한 내용을 요약하여 재편집한 것)

영역	개념 정의	하위 유형
이해하다	국어 지식(듣기·말하기, 읽기, 쓰기, 문법, 문학)을 정리하고 설명하기	파악하기, 확인하기, 설명하기, 분류하기
분석하다	국어 지식이 글이나 담화에서 어떻게 구현되고 기능하는지 파악하기	해석하기, 추론하기 예측하기, 구조화하기
적용하다	국어와 관련된 지식이나 기능을 다양한 목적이나 상황에 적합하게 변형하여 활용하기 국어와 관련한 다양한 현상을 탐구하기, 문제해결하기	활용하기, 탐구하기, 문제해결하기
평가하다	내용·구조·표현의 타당성, 적절성 및 적용한 개념 평가하기 수행 과정이나 결과를 점검 및 조정하기	점검하기, 조정하기, 판단하기, 비판하기
창안하다	말하기, 쓰기와 관련된 기능과 절차에 따라 내용을 효과적으로 구성하여 표현하기	계획하기, 생성하기, 조직하기, 표현하기

    학생들이 실질적으로 사용할 수 있는 국어 능력을 기르기를 바란다면 이에 맞는 수업과 평가를 설계해야 한다. 특히 평가 내용과 방식은 학생들의 학습에 많은 영향을 끼치는 만큼 기능 교과로서의 특성을 반영한 국어과 평가를 하기 위해서는 실제 국어 생활 장면에서 배운 지식과 개념을 분석, 적용, 평가 및 창안하는 활동 위주로 이뤄져야 한다. 이때 개념과 같은 지식만을 측정하는 평가 방식에서 벗어나 국어과의 다양한 기능을 평가하기 위해 테크놀로지를 활용할 수 있을 것이다.

    하이터치 하이테크 학습 모형을 참고한다면 기본 지식 이해에 대한 평가와 피드백은 주로 테크놀로지를 활용하여 학생들의 자기주도 학습이 이뤄질 수 있도록 하고 분석, 적용, 평가 및 창안하기에 대한 평가와 피드백은 주로 교사가 진행하며 테크놀로지를 보조적으로 활용할 수 있다. 그렇다면 테크놀로지를 활용한 평가와 피드백을 실제 수업에 적용하기 위해서는 어떻게 해야 할까? 테크놀로지를 활용한 평가에 대한 하나의 이상적인 모델을 제시하는 것은 매우 어려운 일이다. 티팩TPACK의 개념을 통해 살펴봤듯이 테크놀로지를 효과적으로 활용하기 위해서는 테크놀로지의 특성은 물론, 각 교과의 교수 내용 지식PCK과 함께 학생들과 교육 환경 등 학습 맥락을 전체적으로 고려해야 하기 때문이다. 어떤 맥락이든 상관없이 적용할 수 있는 이상적인 테크놀로지 활용 모델이란 것이 존재하지 않는다면 오히려 특정 맥락 속에서 적용된 특정 교과의 개별적인 테크놀로지 활용 사례를 살펴보는 것이 의미가 있을 것이다.

따라서 앞선 사례의 교사 H의 구체적인 실천 내용을 살펴보고자 한다. 특정 교과, 특정 교육 환경에서 이루어진 것이기에 일반화하기는 어렵겠지만 이러한 사례를 통해 테크놀로지를 활용한 평가와 피드백의 가능성과 현실적인 한계에 대해 생각해 볼 수 있을 것이다.

테크놀로지를 활용한 수업, 평가, 피드백

1) 설명하는 글쓰기 학습 설계

H는 '설명하는 글쓰기' 학습 과정을 '설명 방법에 대한 개념 이해하기 ⇨ 설명하는 글을 읽으며 분석하기 ⇨ 설명하는 글쓰기'의 순서로 설계하였다. 이는 국어과의 하위 영역 중 읽기와 쓰기에 해당하며, 성취

기준은 '설명 방법 파악하며 읽기'와 '설명 방법을 사용하여 글쓰기'에 해당하는 내용이다.

2015 개정 교육과정 '설명하는 글쓰기' 성취기준

[9국02-04] 글에 사용된 다양한 설명 방법을 파악하며 읽는다.
[9국03-02] 대상의 특성에 맞는 설명 방법을 사용하여 글을 쓴다.

[교사 H의 '설명하는 글쓰기' 학습 과정]

'배워서 익힌다'는 학습의 의미에 비춰 보면 설명 방법에 대한 개념 이해와 설명하는 글을 읽으며 분석하기는 배우는 단계, 설명하는 글쓰기는 익히는 단계로 볼 수 있다. 배우는 단계에서는 교사가 설명을 하거나 시범을 보이는 것이 주를 이루는데, 이 과정에서 학생들이 테크놀로지를 주도적으로 활용하도록 하였다. 익히는 단계에서는 설명하는 글쓰기 프로젝트를 통해 글쓰기의 각 과정마다 교사 및 다른 학생들과 구체적인 피드백을 주고받으며 배운 것을 적용하였다.

평가도 두 가지로 나누어, '설명 방법 개념 이해하기'와 '설명하는 글을 읽으며 분석하기'는 형성평가로, '설명하는 글쓰기'는 프로젝트 과정에 대한 평가로 실시하였다. 분석하기 단계의 형성평가는 피드백을 통한 형성적 기능을 강조한 것으로 학생들의 성적에는 반영되지 않지만 학생들의 이해 정도를 파악하여 피드백을 제공하는 것을 의미한다. 이를 학기말 성적 반영에 따른 기준으로 다시 분류하자면 '설명 방법에 대한 개념 이해하기와 설명하는 글쓰기'는 수행평가로, '설명하는 글을 읽으며 분석하기'는 서술형 지필평가(기말고사)로 실시하였다.

이 내용들을 블룸의 교육목표 분류에 따른 하이터치 하이테크 학습으로 표현하면 아래와 같이 나타낼 수 있을 것이다. 원래의 도식에 비해 기본 지식 이해에 해당하는 비중을 줄였는데, 이렇게 함으로써 기능 교과로서의 국어과 특성을 강조할 수 있는 동시에, 지금 시점에서 교사가 테크놀로지 도구를 활용한 평가를 진행할 수 있는 현실적인 범위를 나타낼 수 있도록 한 것이다.

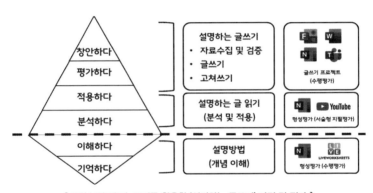

[교사 H의 테크놀로지를 활용한 '설명하는 글쓰기' 과정 및 평가]

2) 개념 이해하기: 온라인 워크시트 활용

H는 학생들이 설명 방법의 개념을 기억하고 이해하였는지를 평가할 때 반복학습과 자동 채점이 가능한 온라인 워크시트를 활용하였다. 설명 방법에 대한 개념을 이해하는 것은 설명하는 글쓰기를 위해 꼭 필요한 학습으로, 학생들은 개념에 대한 학습을 한 번 하고 마치는 것

이 아니라 다음 단계의 학습을 위해서 숙지하고 있어야 한다. 따라서 설명 방법에는 무엇이 있는지, 각 방법의 의미는 무엇인지를 이해하는 것을 목표로 하였다.

개념 이해하기는 교사의 간단한 설명 후에 학생들이 각자 테크놀로지를 활용하여 스스로 학습하도록 하였다. 이러한 자기주도 학습이 이뤄지기 위해서는 반복학습 및 자동 채점이 가능해야 하기 때문에 이를 고려하여 테크놀로지를 선정하였다. 자동 채점이 가능할 경우 개념 이해하기 단계의 피드백에 대한 부담이 줄어든 만큼, 교사는 프로젝트 학습 단계와 같이 정교한 피드백이 꼭 필요한 곳에 집중할 수 있게 된다.

서술형 문항에 대한 자동 채점의 경우, 아직은 띄어쓰기나 문장부호까지도 정확하게 일치해야 정답으로 인정되기 때문에 내용은 맞게 적었더라도 표현이 조금이라도 다르면 오답으로 처리된다. 이러한 이유로 현재 자동 채점 기능을 활용하기 위해서는 문항을 단답형이나 선택형으로만 제작해야 하는 기술적인 제약이 있다. H는 이를 극복하기 위해 단답형은 하나의 정답만 허용하기보다는 비슷한 의미의 용어나 단어들을 모두 복수 정답으로 설정하였고 다양한 형태의 문항을 제시하는 등 단순 암기보다는 개념 이해에 초점을 맞춰 제작하였다.

개념 이해하기 형성평가는 학생들이 온라인 워크시트를 통해 학습한 문항 중에서 출제하는 문제은행 방식으로 실시하였다. 평가가 있기 전까지 학생들은 원하는 시간과 장소에서 원하는 횟수만큼 반복해서 학습할 수 있도록 하였고, 충분한 연습 시간을 제공한 만큼 재평가의 기회를 부여하지는 않았다. 다만 최하 점수 기준에 도달하지 못한 경우만큼은 예외였는데, 이때에는 최하 점수 기준에 도달할 때까지 재평가에 응시하도록 해서 기준을 충족한 다음 최하 점수를 부여했다.

교사의 간략한 설명 후에 학생들이 교과서를 보면서 온라인 도구를 활용하여 반복학습을 할 수 있었고 이에 대한 평가 역시 자동 채점 기능을 활용했기 때문에 H가 설계하여 진행한 설명 방법에 대한 개념학습은 테크놀로지를 활용한 학생들의 자기주도 학습, 즉 하이테크 학습이라고 볼 수 있을 것이다.

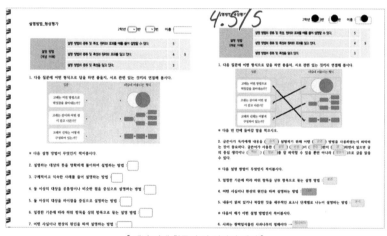

[개념 이해 활동지 및 평가지 예시]

물론 테크놀로지를 활용한 자기주도 학습이 말처럼 쉽게 이뤄지지는 않는다. 교사가 실제 교실에서 만나는 학생들은 각기 다른 성향만큼 학습 능력도 다양하기 때문이다. 스스로 학습 과정을 조절하면서 가장 높은 성취수준에 도달할 수 있는 학생도 있지만, 교사가 옆에서 하나하나 짚어 가며 여러 번 설명하는 것이 필요한 학생도 있다.

하지만 이 경우 역시 테크놀로지를 활용하는 것이 대안이 될 수 있다. 개념에 대한 학습 영상을 제작하여 공유하였고 '보통' 단계의 성취수준에 도달한 학생들에게는 새로운 도전 과제를 제시하였다. 이렇게 자기주도 학습이 가능하도록 학습 환경을 조성하여 직접적인 도움이 필요한 학생들, 즉 기본학력(또는 기초학력)이 부족한 학생들에게 집중하면서 이 학생들이 '도달' 단계에 이를 수 있도록 지도하였다. 모든 학생들은 결과물에 대한 피드백을 통해 다음 단계의 수준으로 올라갈 수 있었고, 이 과정을 통해 스스로 학습하는 능력을 기를 수 있었다. H는 이렇게 함으로써 궁극적으로는 모든 학생이 '우수' 단계에 도달하는 완전 학습이 이뤄지는 것을 목표로 하였다.

[테크놀로지 도구를 활용한 개념 이해하기 학습 흐름도]

개념 이해하기의 다음 단계로 이뤄지는 '다양한 설명 방법이 적용된 글을 읽고 분석하기'는 이를 H가 시범으로 보여 주는 강의 영상을 제작하였고 학생들은 이 영상을 통해 학습하였다. 이 부분에 대한 평가는 학기말에 치르는 서술형 지필평가로 실시하였는데, 학습이 이뤄지는 과정 중에는 과제물에 대한 형성평가를 통해 학생들 스스로 자신의 학습을 점검하였다. 형성평가 결과를 학기말 성적에 반영하지는 않았지만 학생들은 학습 과제를 제출하고 이에 대한 피드백을 받음으로써 자신의 부족한 부분을 찾아 개선하는 과정을 반복하며 학습하였다.

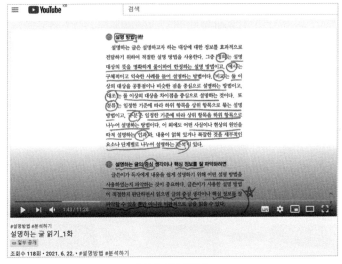

[학습 영상 예시]

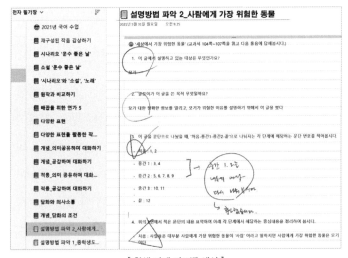

[학생 과제 피드백 예시]

3) 글쓰기 프로젝트: 온라인 설문지 및 공유 문서 활용

H는 학생들이 수집한 자료를 자기평가를 통해 검증할 수 있도록 온라인 설문지를 활용하였고, 개요 작성 및 글쓰기는 온라인 공유 문서를 활용하였다. 학생들은 앞으로 온라인에서 자료를 수집하고 공유 문서를 활용하여 글을 쓰게 될 가능성이 많은 만큼, 학생들이 글쓰기 프로젝트를 통해 온라인 도구를 활용한 글쓰기 과정을 경험함으로써 필요한 기능을 익힐 수 있도록 하였다.

학생들은 온라인 도구를 활용하여 글쓰기를 진행했기 때문에 H가 인터넷 접속만 가능하다면 언제, 어디서나 학생들의 글을 읽고 피드백을 할 수 있었다. 학생들 역시 자신이 쓰고 있는 글을 자동 저장할 수 있었고 H가 피드백을 작성하여 과제를 반환하면 즉시 확인하며 글을 수정할 수 있었다.

H는 학생들에게 한 문단에 다섯 문장 내외로 총 5문단, 전체 25문장 내외의 비교적 짧은 글을 쓰도록 하였다. 그리고 글의 분량에 대해서는 학생들의 부담을 줄이는 대신 학생들이 자기평가를 통해 수집한 자료에 대해 검증 과정을 거치고 최종적으로 신뢰할 수 있는 자료를 선별하여 이에 대한 출처를 밝혀 글을 쓰는 것을 강조하였다.

학생들은 자신이 수집한 자료에 대해 온라인 설문 문항에서 제시하는 질문들에 답하며 스스로 신뢰성 및 타당성을 검증하는 과정을 거쳤다. H는 학생들에게 가급적 뉴스나 공식 사이트(또는 채널) 등을 통해 자료를 수집하도록 하였다. 각 자료에 대한 검증 역시 어디서 찾은 자료인지에 따라 다르게 이뤄져야 하기 때문에 자료의 출처에 따라 학생들이 답해야 하는 질문을 다르게 구성하였다.

　뉴스의 경우는 언론사가 어디인지, 기자의 실명을 밝히고 있는지, 언제 작성된 기사인지 등을 확인하게 하였으며, 공식 사이트(또는 채널)의 경우는 명칭은 무엇인지, 최근까지 운영되고 있는 사이트인지 등을 학생들에게 점검하게 하였다. 뉴스나 공식 사이트(또는 채널)가 아닌 경우에는 작성자가 누구인지를 확인할 수 있는지, 작성자가 해당 분야의 전문가인지, 자료의 출처를 밝히고 있는지, 최신 자료인지 등을 점검하게 하였다. 그리고 타당성 검증을 위한 공통 질문으로 해당 자료가 자신이 쓰고자 하는 글의 내용을 뒷받침하고 있는지, 편향된 정보는 아닌지 등을 점검하게 하였다. 자료를 검증하는 마지막 단계로 수집한 자료의 신뢰성 및 타당성 검증 결과를 점수로 평가하도록 한 후 해당 자료를 학생 자신의 글에 활용할 것인지 아닌지를 판단하게 하여 점수가 낮을 때에는 다른 자료를 찾을 수 있도록 안내하였다.

[신뢰성 검증 자기평가]

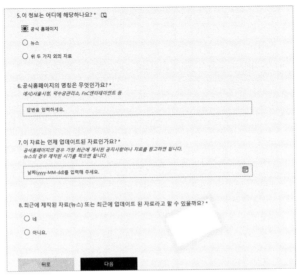

5. 이 정보는 어디에 해당하나요? *

　◉ 공식 홈페이지

　○ 뉴스

　○ 위 두 가지 외의 자료

6. 공식홈페이지의 명칭은 무엇인가요? *
　예시:서울시청, 덕수궁관리소, FnC엔터테이먼트 등

　[답변을 입력하세요.]

7. 이 자료는 언제 업데이트된 자료인가요? *
　공식홈페이지의 경우 가장 최근에 게시된 공지사항이나 자료를 참고하면 됩니다.
　뉴스의 경우 제작된 시기를 적으면 됩니다.

　[날짜(yyyy-MM-dd)를 입력해 주세요.]

8. 최근에 제작된 자료(뉴스) 또는 최근에 업데이트 된 자료라고 할 수 있을까요? *

　○ 네

　○ 아니요.

　[뒤로]　[다음]

[신뢰성 검증 – 공식 홈페이지 자료]

5. 이 정보는 어디에 해당하나요? *

　○ 공식 홈페이지

　◉ 뉴스

　○ 위 두 가지 외의 자료

6. 해당 뉴스를 보도한 언론사는 어디인가요? *
　예시: 경향신문, 문화일보, 씨네21, MBC, KBS 등

　[답변을 입력하세요.]

7. 그 기사를 작성한 기자의 실명을 밝히고 있나요? *

　○ 네.

　◉ 아니요.

8. 신문기사를 쓴 기자의 실명이 없다면 기사를 쓴 사람은 누구로 나오나요? *
　신문기사를 쓴 기자가 누군지 밝히지 않았을 경우, 신뢰성이 낮을 가능성이 높습니다.

　[답변을 입력하세요.]

9. 이 자료는 언제 업데이트된 자료인가요? *
　공식홈페이지의 경우 가장 최근에 게시된 공지사항이나 자료를 참고하면 됩니다.
　뉴스의 경우 제작된 시기를 적으면 됩니다.

　[날짜(yyyy-MM-dd)를 입력해 주세요.]

[신뢰성 검증 – 뉴스 자료]

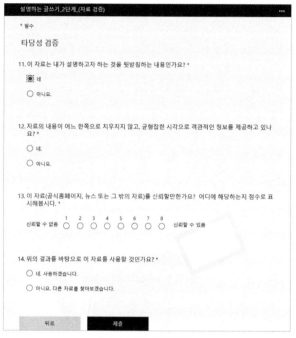

[타당성 검증 자기평가]

　　H는 온라인 공유 문서를 활용하여 학생들의 개요 쓰기와 글쓰기 활동에 대한 피드백을 하였다. 종이 활동지를 사용할 때와 비교하면 일일이 걷지 않아도 되고, 언제 어디서든 학생들의 과제물에 쉽게 접근할 수 있다는 장점이 있지만, 글쓰기 과정에 대한 피드백은 교사가 학생들 개개인의 상황에 맞춰서 해야 하는 하이터치 학습에 해당하는 것이기 때문에 온라인 공유 문서를 활용한다고 해서 교사의 피드백 과정에 큰 변화가 생기는 것은 아니었다. 그럼에도 불구하고 교사가 학생들의 과제물에 쉽게 접근할 수 있다는 것 자체는 큰 장점이었다.

H는 개요 쓰기와 글쓰기에 대해 피드백을 하면서 수정해야 할 내용과 함께 현재 제출한 과제에 대한 점수도 함께 부여하였다. 이 점수는 일종의 현재 수준의 과제에 부여된 점수로 최종적으로 확정된 점수는 아니었다. 그렇기 때문에 학생들은 피드백을 반영하여 과제를 수정하면서 글의 완성도를 높여 '도달' 단계에서 '보통' 단계로, '보통' 단계에서 '우수' 단계로 성취수준을 높일 수 있도록 하였다.

[글쓰기 피드백 예시]

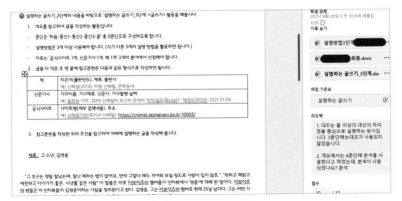

[개요 쓰기 피드백 예시]

또한 H는 평가 계획을 세울 때 채점 기준을 작성하여 이를 피드백 과정에 활용하였다. 채점 기준표에는 성취기준, 성취수준과 관련하여 H가 특별히 강조하고자 하는 내용 등을 해당 점수에 맞게 서술하였다. 과제를 수합하여 채점할 때 미리 입력해 놓은 채점 기준표에서 학생의 점수를 클릭만 하면 학생들은 점수와 함께 채점 기준표에 따른 성취수준을 확인할 수 있어서 그 자체가 피드백의 역할을 할 수 있었다.

물론 이렇게 하기 위해서는 채점 기준표 자체가 학생들의 수행 과정과 최종적으로 도달해야 할 목표를 반영하고 있어야 한다. H의 채점 기준표는 학생들의 수행 과제를 채점하기 위한 기준이면서, 학생들이 자신의 과제를 점검하고 개선할 점을 파악하여 성취기준에 도달할 수 있도록 안내하는 나침반 역할을 하였다.

[설명하는 글쓰기 채점 기준표 예시]

4) 평가 결과 피드백 : 온라인 공유 노트 활용

H는 국어와 관련된 모든 수업 자료와 학생 개개인의 평가 자료를 보관하기 위해 온라인 공유 노트를 활용하였다. 온라인 공유 노트는 국어 수업과 평가에 대한 모든 자료가 있는 일종의 LMS learning management system 역할을 하였기 때문에 학생들은 이를 언제, 어디서나 활용할 수 있었다. 특히 공유 노트에 국어 수업에서 활용하는 각종 온라인 도구에 대한 링크 페이지도 설정하여, 학생들이 온라인 공유 노트에만 접속하면 국어 수업과 관련된 모든 자료에 접근할 수 있도록 하였다.

H는 온라인 공유 노트를 공개 범위와 기능에 따라 크게 세 가지 영역인 전체 활동, 모둠 활동, 개별 활동으로 구성하였다.

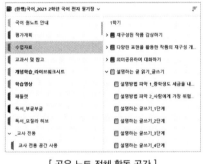

[공유 노트 전체 활동 공간]

첫 번째, 전체 활동 공간은 학년 전체 학생들이 공동으로 활용하는 공간으로 수업을 듣는 모든 학생들이 볼 수 있다. 이 공간에는 공유 노트 활용에 대한 안내부터 평가 계획, 매 차시 수업 자료, 교과서 및 참고 자료, 개념 학습을 위한 온라인 워크시트 링크, 독서 활동 영역 등으로 구성하였다. 수업 자료의 경우는 주제별 하위 페이지로 구성하였으며 수행 과정별로 학생들이 활동할 과제를 안내하였다.

두 번째, 모둠 활동 공간은 해당 학급이나 모둠 구성원들이 활용하는 공간으로 주로 모둠 구성원들만 볼 수 있다.

이 공간은 모둠 활동 과제를 수행하면서 필요한 안내 자료, 모둠 구성원들이 수집한 자료, 과제 수행 결과물 등으로 구성하였다. 한 학기

[공유 노트 모둠 활동 공간]

기준으로 3~4개의 모둠 활동을 진행하는데, 학생들은 각 학습 주제마다 새로운 모둠 공간을 구성하였다. 왼쪽 그림은 교사의 계정에서 보이는 장면으로 각 학급별 모든 모둠의 목록이 보이지만 학생들은 자신이 속한 모둠 3~4개만 볼 수 있다. '설명하는 글쓰기'의 '고쳐쓰기'를 진행하는 경우, 학생들이 해당 학급에게 공유된 공간을 활용하여 다른 친구들의 글을 읽을 수 있게 하였다. 학생들은 다른 친구들의 글을 읽고 이에 비춰 자신의 글을 고쳐 쓰며 동료평가 및 자기평가를 진행할 수 있었다.

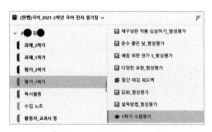

[공유 노트 개별 활동 공간]

세 번째, 개인별 활동 공간은 각 학생 개개인과 교사만 볼 수 있다.

이 공간은 과제 수행 활동지 및 결과물, 평가 결과, 교과서나 활동지 양식, 독서 활동과 관련된 다양한 결과물 그리고 학생들이 자유롭게 기록하고 자료를 수집할 수 있는 페이지로 구성하였다. 특히 평가 자료의 경우 수행 과제별 평가 결과뿐 아니라 모든 수행평가 영역에 대한 피드백을 담은 성적표까지 온라인 공유 노트를 활용하여 안내하였다.

모든 수행 활동이 마무리된 후 안내하는 수행평가 성적표는 수행 주제, 학생 활동, 평가 요소, 배점 및 점수, 피드백, 합계 점수로 구성하였다. 피드백은 학생의 수행 내용과 이에 대한 개선점으로 구성하였으며 그 내용은 학생들의 성취수준에 따라 다르게 작성하였다.

개선점에는 성취수준에 따라 보완해야 할 점을 기록하였는데 해당 영역의 만점을 받은 경우에는 한자로 通(통)이라고 기록하였다.(이렇게 한자로 기록하는 동료 교사의 방법을 참고한 것이다.) 성취수준이 높은 학생들은 수행 활동에는 기록할 것이 많고 개선점에 기록할 것이 적은 반면, 성취수준이 낮은 학생들은 수행 활동에 기록할 것보다는 개선점에 기록할 것이 많은 편이다. 모든 학생들에 대해서 수행 내용과 개선점을 자세히 기록해 주는 것은 현실적으로 많이 어렵기 때문에 만점을 받은 경우 '通(통)'이라고 간단하게 적는 것도 대안이 될 수 있을 것이다. 간혹 교사가 판단할 때 매우 뛰어난 성취를 보이는 경우 '大通(대통)'으로

단원(주제)	학생활동	평가요소	배점	점수	피드백	구분	합계
설명하는 글쓰기	개념 이해	설명 방법	5	5	설명 방법의 종류 및 특성, 원리와 효과에 대한 개념을 익히고, 이를 적용하는 학습을 수행함.	수행	30 / 30
					通	개선점	
	프로젝트_개별	자료 수집 및 검증 개요 작성	10	10	유사과학의 문제점을 소재로 설명하는 글을 쓰기 위해 자료(공식사이트, 뉴스, 책 등)를 수집하고, 각 자료에 대한 신뢰성을 검증하고, 판단하여 개요를 작성하였음.	수행	
					通	개선점	
		설명하는 글쓰기	10	10	A형은 소심한가요?라는 글을 쓰면서 분석, 예시, 정의, 분석, 서사, 인과, 열거, 비교 등 설명방법을 활용하였고, 다양한 자료(공식사이트, 뉴스, 책 등)를 수집하여 신뢰성 있고 파임새 있는 글을 작성하였음.	수행	
					大通	개선점	
		고쳐쓰기	5	5	고쳐쓰기의 일반 원리(추가, 삭제, 대치, 재구성)를 정리하고, 이에 따라 다른 친구의 글을 읽으며 자신의 글에서 고쳐야 할 부분을 정리함.	수행	
					大通	개선점	

[설명하는 글쓰기 수행평가 성적표 예시]

적기도 하는데 이 경우 '通(통)'과 점수의 차이가 있는 것은 아니다.

지금까지 교사 H의 테크놀로지를 활용한 평가 및 피드백 과정을 살펴보았다. H는 설명하는 글쓰기 수업과 평가를 진행하면서, 개념 이해하기 학습을 위해서는 온라인 워크시트를, 설명하는 글 읽으며 설명 방법 분석하기를 위해서는 학습 영상을 활용하였다. 그리고 글쓰기 프로젝트 과정에서 자료수집 및 검증을 위해서는 온라인 설문지를, 개요 쓰기와 글쓰기를 위해서는 온라인 공유 문서를 활용하였다. 그리고 온라인 공간에서 모둠 활동을 원활하게 진행하고, 국어 수업과 관련된 모든 학습 자료 및 평가 결과를 관리할 수 있도록 온라인 공유 노트를 활용하였다.

H는 각 과정마다 테크놀로지를 활용한 피드백을 제공하여 학생들이 성취기준을 달성할 수 있도록 수업을 설계하고 진행하였다. 개념 이해·분석하기는 학생들이 테크놀로지 도구를 활용하며 자기주도적인 학습이 이뤄질 수 있도록 하였으며, 적용·평가·창안하기 활동은 수행 과정마다 피드백을 하여 학생들이 글쓰기 프로젝트를 완성할 수 있도록 한 것이다.

테크놀로지를 활용하는 목적은 무엇인가?

테크놀로지를 활용하는 것에 대한 사회적 관심은 온라인 도구를 활용하는 수준을 넘어서 A.I.를 활용한 교육으로까지 나아가고 있다. A.I.를 활용한 학습은 무엇보다 개별 맞춤형 교육에 대한 기대를 갖게 한다. 배움의 속도, 수준, 학습 성향을 고려하여 개개인에게 최적화된 맞춤형 교육이 이뤄진다면 학습 결손으로 인해 소외되는 학생 없이 말 그대로 완벽한 교육복지가 이뤄질 것이다. 이렇게 된다면 교사가 밤잠을 설쳐가며 피드백을 하거나 평가 방법에 대해 고민하지 않아도 될 것이다. 그렇다면 이런 미래가 오기 전까지는 교사들의 피드백이나 평가 방법에 대한 고민을 해결할 수 없는 것일까?

앞선 사례에서 살펴본 온라인 워크시트나 공유 노트 등의 테크놀로지를 활용한다면 평가와 피드백을 하는 과정에서 일정 부분 도움이 될 수 있다. 물론 이는 하나의 사례에 해당할 뿐이고, 이보다 더 효과적인 방법도 있을 것이다. 테크놀로지를 활용할 때 무엇보다 중요한 것은 수많은 테크놀로지 중에서 무엇을, 어떻게 활용할 것이냐에 대한 답을 찾는 것이다. 이를 위해 블렌디드 러닝, 티팩TPACK, 하이터치 하이테크 학습 이론을 참고할 수는 있을 것이다. 서로 각기 다른 개념이지만 이를 관통하는 것은 학습 맥락에 대한 중요성이다.

학습 맥락은 좁게는 교과나 학습 주제부터 넓게는 학생들의 수준, 성향을 비롯해 교육 환경까지 학습과 관련된 모든 요소들을 포함한다. 학습 맥락에 따라 어떤 테크놀로지를 활용할 것인가는 물론, 테크놀로지를 얼마나 활용할 것인가, 어떻게 활용할 것인가, 더 넓게는 활용할 것인가, 말 것인가에 대한 판단까지 필요하다. 학생들의 학습 수준이나 성향에 따라 테크놀로지를 활용한 자기주도적인 학습이 효과적일 수도 있지만 반대로 교사가 직접 설명하면서 가르치는 것이 효과적일 수도 있기 때문이다.

사회 전반에 걸친 양극화가 교육격차로까지 확대되어 학력 격차가 심각한 사회문제로 대두되고 있다. 이를 해소하기 위한 방법 중 하나로 테크놀로지, 더 나아가 A.I.를 활용한 교육을 해야 한다는 주장은 미래교육의 또 다른 의미인 것처럼 이해되기도 한다. 하지만 미래교육을 논의하기 전에 먼저 고민해야 할 것은 10년 뒤, 100년 뒤에도 변하지 않을 교육의 본질적 가치이다.

'어떻게 하면 학생과 교사가 더 많이, 더 자주,
의미 있는 소통을 할 수 있을까?'

앞서 살펴봤듯이 피드백은 학생의 성장을 위해 교사와 학생 간 이뤄지는 모든 의사소통 행위를 포괄한다. 테크놀로지를 통해 학생과 교사의 피드백이 더욱 활발하게 이뤄진다면 그것만으로도 테크놀로지를 활용해야 하는 이유는 충분하다. '소통을 통한 학생의 성장'이라는 교육의 본질적 가치를 추구하는 데 테크놀로지가 도움이 될 수 있기 때문이다.

물론 교사와 학생이 꼭 테크놀로지를 활용해야만 소통할 수 있는 것은 아니다. 다만 테크놀로지를 활용함으로써 이전에는 불가능하다고 여겨졌던 일들이 가능하게 되는 경우가 있는데, 그중 하나가 온라인 공간을 활용할 수 있다는 것이다. 이를 통해 교사와 학생 개개인은 꼭 교실이 아니더라도 언제 어디서든 더 많이, 더 자주, 더 편하게 소통할 수 있게 된다.

A.I.로 대표되는 미래의 테크놀로지는 시간이 갈수록 지금보다 훨씬 더 빠른 속도로 진화해 나갈 것이다. 그 변화에 발맞춰 학교에서는 테크놀로지를 활용하고자 하는 노력도 필요하지만, 그에 앞서 테크놀로지를 활용하려는 목적을 되새기는 것이 더 중요하다.

미래에도 변하지 않을 교육의 가치, 학생과 교사가 더욱 활발하게 의미 있는 소통을 할 수 있도록 하는 것이 테크놀로지를 활용하는 목적임을 잊지 말자.

테크놀로지를 활용한 평가와 피드백, 학생들은 어땠을까?

테크놀로지를 활용한 평가와 피드백에 대해서는 누구보다 학생들의 입장에서 바라보는 것이 더 중요할 것이다. '설명하는 글쓰기 수업'을 함께한 중학교 2학년 학생들과 테크놀로지를 활용한 평가 및 피드백에 대한 이야기를 나눠 보았다. (학생들은 익명으로 하였으며, 임의로 A, B, C로 지칭한다.)

진행자(국어 교사) : 이번 학기에 국어 시간에 활용했던 테크놀로지 도구와 이를 활용한 평가와 관련해서 이야기를 나눠 보도록 하겠습니다. 우선 개념학습 형성평가 때 활용한 온라인 워크시트는 어땠어요?

학생 A : 그거 편했어요. 바로 채점되고 틀린 문제들은 맞을 때까지 여러 번 반복해서 연습할 수 있는 것도 좋았어요.

학생 B : 종이에 직접 써서 시험을 볼 때 길게 써야 할 때는 시간도 부족하고, 팔도 아프고 그랬는데 키워드만 뽑아서 공부하니까 훨씬 편리하고 좋았어요. 또 지금까지 해 왔던 것도 다 볼 수 있고 답도 바로 맞추고, 점수도 바로 알 수 있고, 그게 처음에는 낯설었는데 하다 보니 익숙해졌어요. 저는 그 전의 형성평가보다 더 머릿속에 잘 들어오고 잘 풀렸어요.

진행자(국어 교사) : 네. 처음에 종이 활동지로 형성평가를 보다가 온라인 워크시트로 바꾼 건데요. 그게 바뀌면서 문제 형식도 서술형에서 단답형으로 바뀌어서, 둘을 비교할 때 이런 점도 감안해야 할 것 같습니다. 그럼 온라인 워크시트를 활용하면서 불편한 점은 뭐가 있었을까요?

학생 C : 평가를 받는 날에는 아무래도 컴퓨터로 하니까 프로그램 오류가 날 수도 있다는 게 좀 불안했어요. 종이로 보는 게 더 익숙하기도 하고, 어차피 기말고사 같은 건 다 종이로 보잖아요. 그런 연습이 안 되면 막상 기말고사 볼 때 허둥댈 수도 있고요.

학생 A : 저는 크게 불편한 점은 없었어요. 저도 기말고사 서술형 준비하는 걸 생각하면 종이로 보는 것이 더 낫기도 한 것 같은데요. 막상 또 생각해 보면 종이로 서술형 볼 때는 교과서를 다 외우려고 했던 것 같기도 하고, 개념을 공부할 때는 온라인 워크시트가 더 도움이 됐어요.

학생 B : 저는 이게 종이로 보는 것과 온라인 워크시트로 보는 것보다는 서술형인지 아닌지의 차이 같은데요. 뭐든지 간에 확실히 서술형으로 시험을 보는 것이 개념을 완벽하게 알아야 쓸 수 있으니까 공부하는 데는 더 도움이 되는 것 같아요. 서술형은 자기 말로 풀어낼 수 있어야 하잖아요. 그래서 교과서도 한 번 더 찾아보게 되고, 그런 게 공부하는 데는 더 도움이 되는 것 같아요.

진행자(국어 교사) : 그렇군요. 다음은 글쓰기 프로젝트와 관련한 이야기를 해 보도록 하겠습니다. 우선 수집한 자료를 갖고 온라인 설문지로 점검하는 과정을 거쳤는데요. 이건 어땠나요?

학생 A : 솔직히 할 때는 좀 귀찮았단 말이에요. 그 전에는 글을 쓰면서 이렇게 자료 검증 같은 걸 한 번도 해 본 적이 없었는데 하다 보니까 이렇게까지 자세히 준비를 해야 신뢰성을 높일 수 있겠구나 하고 다시 생각할 수 있게 해 줘서 도움이 됐던 것 같아요.

학생 C : 사실 저도 처음에는 그 과정이 너무 자세한 것 같아서 힘들었어요. 예를 들면 그 사람이 뭐 하는 사람인지까지 찾아서 적어야 하다 보니까, 어떤 사람인지 막 조사도 해야 돼서 좀 힘들긴 했지만, 그래도 앞으로 기사 같은 걸 볼 때 이게 신뢰성이 있나 하고 좀 더 확인해 볼 것 같아요.

진행자(국어 교사) : 그다음 과정으로 개요를 작성하고, 글쓰기를 할 때는 온라인 공유 문서를 활용했는데요. 피드백을 할 때 점수랑 채점 기준표의 내용을 체크를 해서 준 적도 있고, 글 자체에다 고쳐야 할 점들을 쓰는 경우도 있고 그랬어요. 어떤 것이 더 도움이 되었나요?

학생 A : 저는 점수랑 그 채점 기준표의 내용이 같이 있는 것이 더 좋았어요. 거기에 보면 내 점수랑 그 점수에 대한 이유를 알 수 있으니까 편했고, 글 자체에다가 적는 경우는 그게 싱크가 안 맞는다고 해야 하나요? 선생님은 1문단에다가 밑줄 친 건데, 제가 보는 화면은 2문단에 밑줄이 쳐져 있어서 정확히 뭐가 잘못됐다는 건지 알기 힘들 때도 있었어요.

학생 B : 저는 바로 글에 표시되어 있는 경우가 편했어요. 싱크가 안 맞아서 불편한 것도 있기는 한데요, 어차피 글을 고칠 때는 글이 있는 창을 열어놓고 편집을 해야 하는데 거기에 바로 적혀 있는 것이 편했어요. 피드백이랑 채점 기준표를 보려면 계속 왔다 갔다 하면서 확인을 해야 되니까 그것보다는 글에 적혀 있는 게 편했어요.

진행자(국어 교사) : 네, 잘 알겠습니다. 앞으로 더 고민해 봐야겠네요. 국어 시간에는 공유 노트에 평가 계획이나 수업 자료, 각 학생 폴더에는 학생들의 활동지, 평가지, 성적표까지 업로드해 놓았는데요. 이건 어땠나요?

학생 A : 가끔 동기화가 안 돼서 날린 적도 있지만 공유 노트처럼 자동으로 저장되는 것은 좋았어요. 모둠 활동 공간도 있어서 좋았고, 내가 이전에 했던 것, 수업 시간에 했던 것들이 다 모아져 있는 것도 좋았어요.

학생 C : 저는 일단 국어 시간에 하는 모든 활동들이 한 플랫폼 안에 다 들어 있는 것이 좋았어요. 그래서 그런지 다양한 파트로 나뉜 게 헷갈릴 때도 있는데 뭐가 어디에 들어 있는지만 알면 훨씬 편한 것 같아요.

학생 B : 저는 다양하게 분류가 잘되어 있어서 편했어요. 특히 평가 같은 게 분류가 잘되어 있어서 한눈에 확인할 수 있는 것이 좋았고, 거기에 평가 결과도 올라오니까 수행평가 보면 거기를 계속 들어가서 점수 확인하고 그랬어요.

진행자(국어 교사) : 설명하는 글쓰기를 비교적 오랜 시간에 걸쳐서 진행했는데요, 이런 과정을 거쳐서 글을 써 보니까 어땠나요?

학생 A : 제가 원래 글을 좀 대충 쓰는 경향이 있어서요. 이렇게까지 완전 꼼꼼하게 써 본 적은 처음이란 말이에요. 그래서 되게 오랜 시간 동안 제 글을 보면서 다듬고 했는데 그러다 보니까 이전 글보다 계속 좋아지고 다듬어진 글이 되는 것 같아서 앞으로 글쓰기를 할 때 귀찮긴 하더라도 이렇게 좀 오랜 시간 동안 세세히 다듬으면 좋은 글이 나올 수 있다는 것을 알았어요.

학생 B : 저도 평소에 글 쓰는 걸 막 좋아한다거나 취미 삼아서 쓰고 이런 건 아닌데, 한 가지에 몰입해서 오랜 시간을 공들여서 써 보니까 좋았던 것 같아요. 특히 참고문헌을 찾아서 글을 쓰고 하는 건 처음 해 본 경험이라 많은 도움이 된 것 같아요.

학생 C : 저도 원래 생각나는 대로 글을 쓰는 편이라 정리하고 이런 걸 되게 싫어하면서 안 했는데 긴 시간 동안 계속 한 번 더 읽어 보고, 정리하고,

특히 다른 친구들의 글을 피드백하고 내 글을 다시 보고 하면서 점점 더 매끄러운 글이 된다는 것을 알게 되었어요.

진행자(국어 교사) : 네, 쉽지 않은 과정이었을 텐데 이렇게 많은 도움이 되었다고 하니까 다행입니다. 아마 다른 과목보다 국어 수업에 테크놀로지를 활용하는 비율이 좀 높은 편일 것 같은데요, 앞으로도 서술형 평가나 프로그램에 접속이 안 되는 경우 대안을 생각해 보는 문제 등 고민할 지점들도 많은 것 같습니다. 앞으로 이런 문제들을 개선해서 더욱 편하게 활용할 수 있는 방안을 생각해 보겠습니다. 인터뷰에 참여해 주신 학생들, 감사합니다.

지필평가, 낯설게 바라보기
_과학과 사례를 중심으로

지필평가는 왜 보는 걸까?

　과학 교사인 D는 평가에 대한 고민을 조금이나마 해결하고자 방학 중에 평가 연수에 참석했다. 연수에서 만난 교사 A는 수행평가 위주의 평가를 진행하다가 변별이 되지 않아 고민이 된다는 이야기를 털어놓았다. 이 이야기를 들은 교사 B는 수행평가를 동기유발 과정으로만 활용하라며 "변별은 지필평가로 하면 됩니다." 라고 조언했다. A는 좋은 아이디어라며 B를 칭찬했다. D는 잠시 생각에 잠겼다.

　개학 후 열심히 평가를 준비하며 수업을 진행하던 D는 수행평가가 진행되는 날 학생들에게 사전에 안내했던 수행평가 준비를 잘하고 왔

느지 물어보았다. 몇몇 학생들은 수행평가인 것을 깜빡해 준비를 못했다며 속상해 하고 있었다. 점수가 큰 수행평가가 아니니 걱정하지 말라며 D는 "그렇게 1~2점에 연연하지 마. 행복은 성적 순이 아니잖아."라며 학생을 위로했다.

몇 번의 수행평가가 끝나고 기말고사가 다가왔다. 수업 시간보다 조금 일찍 교실에 들어온 한 학생이 기말고사 준비하느라 힘들다고 이야기했다. 그 학생은 그동안 수행평가에 열심히 참여하여 성적도 좋았다. D는 기말고사가 학기 성적에서 10%밖에 안 들어가는데 왜 그렇게 힘들어 하냐고 물었다. 학생은 수행평가랑 기말고사는 다르다며 "선생님, 기말고사는 진!짜! 시험이잖아요."라고 말했다.

기말고사가 큰 문제없이 마무리되었다. 기말고사 후 첫 번째 수업 시간에 학생들에게 채점 기준과 부분 점수에 대해 안내를 하고 점수 확인도 마쳤다. D는 기말고사에 대한 학생들의 반응이 궁금하여 이와 관련된 몇 가지 질문을 던지며 이야기를 나눴다. 그때 한 학생이 기말고사가 너무 어려웠다며 "선생님, ○번 문제요. 수업 시간에 안 배운 문제 아니에요?"라고 물었다. 학생이 언급한 문제는 기말고사 난이도 조절과 변별을 위한 응용문제였다. 수업 내용을 제대로 공부했다면 새로운 상황에 적용할 수 있어야 하는 거라고 학생들에게 이야기하며 학습에서 적용과 전이의 중요성이 무엇인지 설명했다. 교사의 답변을 들은 학생은 자신이 응용문제에 약한 것 같다며 속상해 했고, 뭔가 아쉽고 불편한 마음에 D는 고개를 숙인 채 교실을 나왔다.

이번에는 많은 교사가 학생에게 요구하는 것 중 너무도 당연하게 해 오던 지필평가에 대해 살펴보고자 한다. 지필평가를 낯설게 바라보며 다음과 같은 질문을 스스로 던져 보자.

- 지필평가는 왜 보는 것일까?
- 지필평가는 정확히 어떤 평가를 말하는 것일까?
- 지필평가는 문항의 형태일까? 평가의 형태일까?
- 지필평가는 교육적으로 어떤 기능을 가져야 할까?
- 과정중심평가나 자유학년제 속에서 지필평가는 어떤 모습이어야 할까?

누구나 다 안다고 생각한 지필평가

1) 지필평가 다시 보기

빠르게 변화하는 세상에 적응하기 위해서 공부는 선택이 아니라 필수가 되어 가고 있다. 특히 몇 년마다 바뀌는 교육과정과 매년 새로운 학생들을 만나는 교사에게는 더욱 그러하다. 이런 변화에 대한 정답을 아무도 알려 주지 않기에 교사는 '공부'라는 길을 선택한다. 학교의 여러 변화 중에서도 어쩌면 가장 민감하고 수많은 고민거리를 던져 주는 변화가 '평가'임을 생각해 보면 평가의 변화는 교사에게 많은 공부거리를 던져 주고 있다.

'과정중심평가'라는 거대한 평가의 변화에 적응하기 위해 교사들은 기존에 많이 하지 않던 수행평가에 대해 고민해 왔다. 실제로 과정중심평가에 대한 많은 연수 과정이나 책에서도 수행평가 과제를 만들고 채점 기준을 개발하는 것을 다루는 내용이 많아지고 있다. 하지만 일상적으로 늘 당연하게 해 오던 지필평가에 대한 고민이 녹아 있는 연수 과정이나 책은 상대적으로 부족하다. 스스로 지필평가에 대한 고민이 부족했음을 느끼는 교사에게는 어떤 공부가 필요할까? 이러한 고민을 해결하기 위해 당연하다고 느껴 오던 것들의 근거를 다시 확인하며 되돌아보는 것에서부터 시작해 보자.

2) 지필평가에 대한 정의와 지침

일상적으로 '시험'이라고 부르는 평가는 여러 이름을 가지고 있다. 표준국어대사전에서는 그 단어들의 뜻을 다음과 같이 제시하고 있다.

- 중간고사(中間考査) : 학기의 중간에 학력을 평가하기 위하여 실시하는 시험
- 기말고사(期末考査) : 각 학기의 끝에 학력을 평가하기 위하여 실시하는 시험
- 지필평가(紙筆評價) : 연필이나 펜으로 종이에 답을 쓰는 형식의 평가
- 수행평가(遂行評價) : 학생의 학습 과제 수행 과정 및 결과를 직접 관찰하여 그 관찰 결과를 전문적으로 판단하는 일. 평가 방법으로는 논술형 검사, 구술시험, 실기시험, 연구보고서 따위가 있다. 중학교나 고등학교에서는 평가 결과가 내신에 반영되기도 한다.

여기서 지필평가를 연필이나 펜으로 종이에 답을 쓰는 형식이라는 표현은 다소 모호하다. 학교에서 진행되는 평가 중 정기 고사뿐만 아

니라 일부 수행평가도 지필평가에 포함될 수 있기 때문이다. 이러한 모호함을 해결하기 위해서는 평가에 대한 법적 근거 및 지침을 확인해 볼 필요가 있다.

1장에서도 평가 관련 법률 체계를 살펴보았듯이, 학생평가와 관련된 법적 근거 및 지침은 초·중등교육법에서부터 단위 학교 학업성적관리규정에 이르는 흐름을 가지고 있다. 학교는 이를 근거로 평가를 실시한다. 법적 근거 및 지침 중 지필평가에 대한 부분을 좀 더 자세히 살펴보자. '지필평가'라는 용어는 '학교생활기록 작성 및 관리지침(교육부 훈령 제365호)의 별표9 교과학습 발달상황 평가 및 관리'에 처음 등장한다. 여기서 등장하는 지필평가에 관한 주요 서술을 정리해 보면 다음과 같다.

- 교과학습의 평가는 지필평가와 수행평가로 구분하여 실시한다.
- 지필평가 문제는 타당도, 신뢰도를 제고할 수 있도록 출제하고, 평가의 영역, 내용 등을 포함한 문항 정보표 등 출제 계획을 작성하여 활용하며, 동일 교과 담당 교사 간 공동 출제를 한다.
- 수행평가란 교과 담당 교사가 학습자들의 학습 과제 수행 과정 및 결과를 직접 관찰하고, 그 관찰 결과를 전문적으로 판단하는 평가 방법이다.

여기에서 지필평가는 수행평가와는 달리 별도로 정의되지 않는다. 하지만 교과학습의 평가는 지필평가와 수행평가로 구분한다는 문구를 통하여 학교에서 실시하는 평가 중 수행평가가 아닌 평가가 지필평가에 해당한다고 해석할 수 있다.

지필평가에 대한 정의는 '시·도교육청 학업성적관리지침'에 처음으로 등장한다. 여기에서 지필평가는 '일제식 정기 고사'임을 명확히 하고 있다.

'수행평가에서 제시되는 문항들이 지필평가의 문항과 유사하다고 하더라도 지필평가에 해당하지 않는다'는 서술을 통해, 지필평가를 사전적 의미로 해석하지 않아야 함을 분명히 하고 있다. 이는 지필평가가 '문항'의 형식이 아닌 '고사'의 형식임을 알게 해 주는 서술이다. 이는 평가와 관련된 교육부 문서에도 등장하고 있으므로 전국적으로 나타나는 특징이라 할 수 있다. 학생평가와 관련하여 교육부(2021)에서 제시하고 있는 교과학습 발달상황 평가 및 관리 주요 용어를 살펴보면 다음과 같다.

• 지필평가 : 중간 또는 기말고사(1회, 2회 고사 등)와 같은 일제식 정기 고사를 의미하며, 문항 정보표의 구성에 따라 선택형과 서답형으로 구분한다. 단, 시도교육청 공동으로 실시하는 영어 듣기평가는 수행평가로 간주할 수 있으며 학교에서 형성평가 및 수행평가의 일환으로 실시하는 선택형 및 서답형 문항으로 구성된 평가는 지필평가에 해당하지 않는다.

• 수행평가 : 교과 담당 교사가 교과 수업 시간에 학습자들의 학습과제 수행 과정 및 결과를 직접 관찰하고, 그 관찰 결과를 전문적으로 판단하는 평가 방법이다.

  – 학습 과제 : 학습자들에게서 성취되기를 기대하는 교육과정상 각 교과 교육목표와 관련된 것으로, 실제 생활에 가치 있고 중요하며 유용한 과제를 의미

  – 수행 : 학생이 단순히 답을 선택하는 것이 아니라, 학생 스스로 답을 구성하는 것, 산출물이나 작품을 만들어 내는 것, 태도나 가치관을 행동으로 드러내는 것 등을 모두 포함

  – 관찰 : 학습자가 수행하는 과정이나 그 결과를 평가자가 읽거나, 듣거나, 보거나, 느끼거나 하는 활동을 모두 포함

  – 판단 : 평가자가 관찰한 것을 객관성·합리성·타당성·신뢰성 등이 있는 기준을 준거로 점수화하거나 문장화하는 것

[2021학년도 학생평가의 이해. 교육부]

3) 교육과정과 평가 유형

법적 근거나 지침을 넘어 좀 더 구체적인 교육적 방향성을 확인하려면 교육과정에 대한 검토가 필요하다. 2015 개정 교육과정 총론을 보면 평가에 대해 다음과 같이 서술하고 있다.

3. 평가

가. 평가는 학생의 교육목표 도달도를 확인하고 교수 · 학습의 질을 개선하는 데에 주안점을 둔다.

   1) 학교는 학생에게 평가 결과에 대한 적절한 정보 제공과 추수 지도를 통해 학생이 자신의 학습을 지속적으로 성찰하고 개선할 수 있도록 지도한다.

   2) 학생평가 결과를 활용하여 수업의 질을 지속적으로 개선한다.

나. 학교와 교사는 성취기준에 근거하여 학교에서 중요하게 지도한 내용과 기능을 평가하며 교수 · 학습과 평가 활동이 일관성 있게 이루어지도록 한다.

   1) 학생에게 배울 기회를 주지 않은 내용과 기능은 평가하지 않도록 한다.

   2) 학습의 결과뿐만 아니라 학습의 과정을 평가하여 모든 학생이 교육목표에 성공적으로 도달할 수 있도록 한다.

   3) 학교는 학생의 인지적 능력과 정의적 능력에 대한 평가가 균형 있게 이루어질 수 있도록 한다.

이 중 주요 내용을 정리해 보면 '평가는 학생의 교육목표 도달도를 확인하기 위해 학생에게 배울 기회를 주지 않은 내용과 기능을 제외하고, 교수·학습과 일관성 있게 실시해야 한다. 이를 통해 교사는 학생이 자신의 학습을 지속적으로 성찰하고 개선할 수 있도록 지도해야 한다.'라고 요약해 볼 수 있다. 이는 교육과정이 추구하는 평가의 일반적 방향이다. 이를 바탕으로 교사가 자신의 지필평가를 다시 살펴보고 스스로 점검해 본다면, 수많은 질문을 만들 수 있을 것이다.

다음으로 지필평가의 모습을 더 구체적으로 그리기 위해서는 학교에서 실시하는 지필평가가 어떤 평가 유형에 속하는지도 정리할 필요가 있다. 백순근(2019)은 평가 유형을 평가의 기준, 기능과 목적 등에 따라 다음과 같이 구분했다.

평가 기준	평가 기능과 목적	평가의 개념	평가 대상 행동	평가 방법	새로운 평가
규준지향평가	진단평가	측정	인지적 평가	양적 평가	역동적 평가
준거지향평가	형성평가	총평	정의적 평가	질적 평가	성장지향평가
	총괄평가	평가	심동적 평가	혼합연구접근	능력지향평가

[다양한 평가 유형 구분]

첫 번째 관점은 평가 기준에 따른 분류이다. 평가 기준에 따라 평가를 구분해 보면 규준참조평가norm-referenced assessment와 준거참조평가criterion-referenced assessment로 나눌 수 있다. 한국교육평가학회의 교육평가 용어사전(2004)에서는 각 평가 유형의 정의를 다음과 같이 제시하고 있다.

- 규준참조평가란 한 개인이 속해 있거나 혹은 속해 있지 않더라도 비교가 되는 집단 속에서 다른 사람보다 얼마나 더 성취했느냐 하는 상대적인 비교를 통해서 성적을 결정하는 평가 체제이다.
- 준거참조평가란 평가 대상자가 사전에 결정된 어떤 성취기준 또는 교육목표를 달성하였는가 혹은 달성하지 못하였는가에 초점을 두며, 개인의 성취수준의 유의미성을 다른 사람들이나 규준집단의 성취 정도와의 상대적 비교에서 찾지 않는 평가를 말한다.

앞서 살펴본 교육과정 총론에서 이야기하는 평가의 모습에 다가가려면 학교에서 실시하는 지필평가는 규준참조평가와 준거참조평가 중 어디에 가까워야 할까? 2011년 당시 교육과학기술부였던 교육부가 발표한 '중등학교 학사관리 선진화 방안'이라는 문서를 보면 '창의·인성 수업 모델과 평가 방법의 괴리'라는 제목으로 다음과 같이 기존 평가의 문제를 지적하고 있었다. 10년 전에도 이미 이러한 현상에 대한 문제의식이 있었던 것이다.

- 교과 교실제와 함께 다양한 창의 · 인성 수업 모델을 적용하고, 수행평가 · 서술형 평가 등을 도입하였으나, 평가 방법의 변화는 미흡하다.
  - 평가의 객관성을 지나치게 강조하는 분위기로 인해 수업은 창의적으로 하더라도 평가는 기존의 지필 위주 평가 관행 유지
  - 학생 간 변별력을 높이기 위한 어려운 '함정 문제' 출제

[중등학교 학사관리 선진화 방안. 교육과학기술부, 2011]

또한, 학교의 지필평가와 가장 유사한 형태로 진행되는 국가수준학업성취도평가에 대한 교육과정평가원의 소개 글을 보면 다음과 같이 명시되어 있다.

"국가수준학업성취도평가는 국가에서 정한 교육과정에 근거해 학생들의 교육목표 달성 정도를 평가하는 준거참조평가로, 국가 수준에서 학생들의 학업성취도 현황 및 변화 추이를 파악하고 학교교육의 질을 체계적으로 관리하기 위해 매년 실시됩니다."

[학업성취도평가 개관]

(* 출처 : 교육과정평가원(https://naea.kice.re.kr/) 학업성취도평가 정보 서비스)

이 내용을 현재의 성취평가제가 준거참조평가임을 설명한 앞의 내용과 연결하여 생각해 보자. 학교 지필평가의 평가 기준이 준거참조평가여야 한다는 것은 교사 개인의 판단이라기보다는 국가적 합의에 이른 주장이라고 볼 수 있다. 어쩌면 너무도 당연한 이야기이다. 학교, 교사, 교육자들이 과거의 경험에 의존한 관점을 바탕으로 지필평가를 규준참조평가의 도구라고 오해하며 의사 결정을 하고 있지는 않은지 생각해 볼 필요가 있다.

두 번째 관점은 평가 기능과 목적에 따른 분류이다.

구분	진단평가	형성평가	총괄평가
목적 및 기능	출발점 확인 학습 결손 파악	수업 개선 피드백 제공	성적 평가 자격 인증 수업 효과 평가
실시 시점	주로 수업 전 또는 시작 시점	수업 중 수시	수업 후
평가 방법	비형식적 평가 형식적 평가	수시 평가 비형식적 혹은 형식적 평가	형식적 평가
평가 주체	교사, 교육 내용 전문가	교사	교사, 교육 내용 전문가 교육평가 전문가
평가 기준	준거지향평가	준거지향평가	규준지향평가 준거지향평가

[진단평가, 형성평가, 총괄평가의 비교]
(* 출처 : 백순근(2019). 교육평가의 이론과 실제)

특징	형성평가	총괄평가
목적	교수학습 중 학생들의 학습에 대해 피드백을 제공하거나 교수 방법을 수정하기 위함.	학생들의 능숙도에 대한 기록을 남기고 교수 계획을 세우기 위함.
시행 시기	교수학습 중	교수학습 후
교사의 역할	즉각적으로 진단, 피드백을 제공, 심화학습을 위한 제언들을 함.	평가를 계획, 실행하고 수행을 기록. 이를 바탕으로 다음 수업의 계획을 세움.
학생의 참여	권장함.	권장하지 않음.
학생의 동기	내재적, 숙달 지향적	외재적, 수행 지향적
강조하는 학습 유형	이해, 적용, 심층 이해 및 추론	지식, 이해, 적용
상세 정도	매우 상세하고, 개별 학생 지향적임.	일반적, 집단 지향적임.
구조	유연하고, 융통성 있으며, 변동 가능하고, 비형식적임.	엄격하고, 구조화되어 있고, 형식적임.

[형성평가와 총괄평가의 특징 비교]
(* 출처 : James H. McMillan(2015). 교실평가의 원리와 실제: 기준참조수업과의 연계)

맥밀런(2015)은 형성평가와 총괄평가가 명확히 구분되기 어려운 상황들이 있으며, 형성평가를 총괄평가와 구분하는 주요인은 결과의 사용 방법(수행 기록, 교수 계획 수정)이지 평가 방법이 아니라고 말한다. 또한, 형성평가가 학습을 위한 평가라면 총괄평가는 학습 결과에 대한 평가임을 강조하며, 두 평가가 각각의 기능과 목적이 있음을 밝히고 있다. 상호보완적으로 더 좋은 학습을 촉진할 수 있음을 알려 주고 있는 것이다.

위 자료들을 바탕으로 기존의 수행평가와 지필평가를 평가의 기능과 목적에 따라 다시 분류해 보면 수행평가가 진단평가와 형성평가의 기능을 하고, 지필평가는 총괄평가로서의 역할을 해야 할 것으로 해석할 수 있다. 그리고 이를 앞에서 논의한 준거참조평가에 대한 검토와 연결해 본다면 지필평가가 준거참조적 총괄평가로서 기능해야 할 필요가 있음을 알 수 있다.

그런데 현재 지필평가는 정말 준거참조평가에 충실한 모습일까? 총괄평가로서의 기능과 목적을 충족시키고 있을까? 앞에서('2. 성취평가제, 점수의 기술' 부분 참조) 언급했던 바와 같이, 혹시 시기적으로만 총괄평가의 모습을 한 채 총괄평가의 기능은 잊고 오직 상대적 비교를 통한 변별의 기능만 활용하면서, 준거참조평가를 지향하는 성취평가제 속에 숨겨진 규준지향평가로 존재하고 있는 것은 아닐까? 다시 생각해 볼 지점이다.

4) 내용과 수준의 검토

문항의 타당도와 신뢰도를 확보하고, 학생의 교육목표 도달도를 확인하기 위해서는 교육과정에 대한 분석이 필요하다. 그리고 이러한 분석에서는 출제 문항의 내용을 넘어 수준에 대한 고민도 포함된다. 교육과정에 제시된 성취기준 하나로 여러 내용과 수준을 지닌 문항을 제작할 수 있기 때문이다.

우선 내용 측면에서의 검토를 위해, 중학교 1학년 과학과 교육과정 단원별 설명의 한 예시를 살펴보자.

---

(9) 전기와 자기

이 단원에서는 물체가 대전되는 현상과 정전기 유도 현상을 관찰하고, 원자 모형으로 전기 현상을 설명하도록 하여 우리 주변의 전기와 자기 현상에 관심과 호기심을 갖도록 한다. 전기 회로에서 전하의 일정한 흐름을 만드는 전압의 역할을 이해하고 이를 기반으로 전압과 저항, 전류 사이의 관계를 추론하도록 한다. 자기장 속에서 전류가 흐르는 도선이 받는 힘의 방향을 설명하도록 한다.

> [9과09-01] 물체가 대전되는 현상이나 정전기 유도 현상을 관찰하고 그 과정을 전기력과 원자 모형을 이용하여 설명할 수 있다.
> [9과09-02] 전기회로에서 전지의 전압이 전자를 지속적으로 이동하게 하여 전류를 형성함을 모형으로 설명할 수 있다.
> [9과09-03] 저항, 전류, 전압 사이의 관계를 실험을 통해 이해하고, 일상생활에서 저항의 직렬연결과 병렬연결의 쓰임새를 조사하여 비교할 수 있다.
> [9과09-04] 전류의 자기 작용을 관찰하고 자기장 안에 놓인 전류가 흐르는 코일이 받는 힘을 이용하여 전동기의 원리를 설명할 수 있다.

〈탐구 활동〉
· 마찰 전기를 이용하여 정전기 유도 현상 실험하기
· 저항, 전류, 전압 사이의 관계 탐구하기
· 전류가 흐르는 코일 주위에 생기는 자기장 관찰하기
· 간이 전동기 만들기

(가) 학습 요소
- 전기력, 원자 모형, 대전, 정전기 유도, 전기 회로, 전압, 전류, 저항, 자기장, 전동기

(나) 성취기준 해설
- [9과09-03] 저항의 연결에 관한 계산과 혼합연결은 다루지 않는다.

(다) 교수 · 학습 방법 및 유의 사항
- 전동기 만들기 활동에서는 전동기의 설계와 제작이 끝난 후 학생 자신이 만든 전동기의 작동 원리를 발표하게 할 수 있다.
- 이 단원은 초등학교 3~4학년군의 '자석의 이용', 5~6학년군의 '전기의 이용', 고등학교 '통합과학'의 '발전과 신재생 에너지', '물리학Ⅰ'의 '물질과 전자기장', '물리학Ⅱ'의 '전자기장'과 연계된다.

(라) 평가 방법 및 유의 사항
- 검전기와 플라스틱 막대, 털가죽을 이용하여 실험하게 한 후 마찰과 정전기 유도, 이들을 통한 대전, 전기력에 대하여 설명하도록 하거나 글을 쓰는 방법으로 평가할 수 있다.

[중학교 1학년 전기와 자기]

교육과정을 검토할 때에는 성취기준뿐만 아니라 성취기준 해설, 평가 방법 및 유의사항도 함께 확인해야 한다. 내용의 수준을 설정할 때 유의해야 할 사항이 포함되어 있기 때문이다. 하지만 이 내용들은 문항의 내용을 정해 주는 것이지, 문항의 세부적인 수준을 설정하기에는 부족할 수 있으므로 평가를 위해서는 추가 자료를 검토해야 한다.

다음으로 수준 측면에서의 검토를 위해 연구 자료를 살펴보자. 문항을 제작하는 교사는 성취기준마다 어떤 수준으로 물어봐야 할지에 대해 판단해야 한다. 여기서 교사의 전문성이 발휘되기도 하지만 자칫 교사의 개인적 판단만으로 진행하다 보면 어려움이 생길 수 있다. 구체적 평가 기준 설정에 대한 근거 자료를 활용하면 교사의 전문적 판단에 신뢰도를 더할 수 있다. 연구 자료라고 해서 완벽하다고 볼 수는 없지만, 교

사가 혼자 판단하기보다는 다양한 근거 자료를 활용하는 것이 좋다. 한국교육과정평가원에서는 2015 교육과정 개정 후 교사들의 평가 지원을 위해 다음과 같은 연구를 진행했다. 교육과정의 성취수준별로 어떤 평가 기준이 세워져야 하는지를 상, 중, 하 3단계로 나누어 제시하고 있다.

교육과정 성취기준		평가 기준
[9과09-01] 물체가 대전되는 현상이나 정전기 유도 현상을 관찰하고 그 과정을 전기력과 원자 모형을 이용하여 설명할 수 있다. 〈탐구 활동〉 마찰 전기를 이용하여 정전기 유도 현상 실험하기	상	마찰이나 정전기 유도에 의해 물체가 대전되는 과정을 전기력과 원자 모형을 이용하여 설명할 수 있다.
	중	물체를 마찰하면 전자의 이동에 의해 대전됨을 알고, 인력과 척력을 구분하여 설명할 수 있다.
	하	마찰시켜 대전된 두 물체 사이에 전기력이 작용함을 설명할 수 있다.
[9과09-02] 전기회로에서 전지의 전압이 전자를 지속적으로 이동하게 하여 전류를 형성함을 모형으로 설명할 수 있다.	상	전기회로에서 전류가 흐르는 현상을 모형과 전류, 전압 개념을 이용하여 설명할 수 있다.
	중	전기회로에서 전지의 전압에 의해 전류가 흐름을 말할 수 있다.
	하	전기회로에서 전류의 방향과 전자의 이동 방향을 말할 수 있다.
[9과09-03] 저항, 전류, 전압 사이의 관계를 실험을 통해 이해하고, 일상생활에서 저항의 직렬연결과 병렬연결의 쓰임새를 조사하여 비교할 수 있다. 〈탐구 활동〉 저항, 전류, 전압 사이의 관계 탐구하기	상	저항, 전류, 전압 사이의 관계를 알고, 저항의 직렬연결과 병렬연결의 특징과 일상생활에서의 쓰임새의 차이를 비교할 수 있다.
	중	실험을 통해 저항, 전류, 전압 사이의 관계를 이끌어 낼 수 있다.
	하	전기회로에서 저항에 걸리는 전압과 저항에 흐르는 전류를 측정할 수 있다.
[9과09-04] 전류의 자기작용을 관찰하고 자기장 안에 놓인 전류가 흐르는 코일이 받는 힘을 이용하여 전동기의 원리를 설명할 수 있다. 〈탐구 활동〉 전류가 흐르는 코일 주위에 생기는 자기장 관찰하기 / 간이 전동기 만들기	상	코일을 이용하여 간이 전동기를 제작할 수 있고, 코일이 회전하는 방향과 빠르게 회전할 수 있는 조건을 찾을 수 있다.
	중	자기장 내에서 전류가 흐르는 도선이 받는 힘의 방향을 찾을 수 있고, 힘의 크기에 영향을 주는 요인을 찾을 수 있다.
	하	전류가 흐르는 도선 주위에 자기장이 생기며, 자기장 내에서 전류가 흐르는 도선은 힘을 받음을 말할 수 있다.

[성취기준별 평가 기준(중학교 1학년 과학, 전기와 자기)]

위 내용을 살펴보면 학생들이 해당 성취기준을 달성하기 위해 어떤 단계를 거치는지 예상해 볼 수 있다. 그리고 교사 스스로 자신의 평가가 지나치게 어렵거나 쉽지 않은지 점검해 볼 수도 있을 것이다.

5) 평가 기준 속 기능 요소와 핵심역량의 하위 요소

2015 개정 교육과정은 역량중심 교육을 지향하고 있다. 또한 'OECD Learning Framework 2030'과 같은 최근 교육 흐름에서는 역량Competency을 지식뿐만 아니라 기능, 태도, 가치를 포함하는 개념으로 정의하며 중요하게 다루고 있다.

하지만 앞에서 살펴본 성취기준이나 평가 기준의 표현을 살펴보면 지식 평가에 관한 내용들은 구체적이나, 역량의 나머지 측면들에 관한 내용은 구체적이지 않은 경우가 있다. 역량이 중요하지만, 역량을 평가한다는 것은 그만큼 어려운 일임을 알 수 있다. 이러한 어려움에도 불구하고 교사들은 학생의 역량 신장을 위한 수업을 설계하고 이를 어떻게 평가해야 할지 고민한다. 이를 해결하기 위해 다시 교육과정 문서와 평가 관련 자료를 살펴볼 필요가 있다.

우선 '평가 기준 속 기능Skill'에 대해 살펴보자. 여기에서 예시로 든 과학 교과의 경우 내용 교과의 특성을 갖고 있기 때문에, 역량 중 기능이 태도나 가치보다 상대적으로 평가 기준에 더 많이 반영되어 있다. 220쪽에서 제시한 '2015 개정 교육과정에 따른 평가 기준'을 다시 보면서 평가 기준 속에 숨어 있는 기능 요소를 찾아 분석해 보면 다음과 같다.

성취기준	수준	평가 기준	요소1	요소2	요소3
[9과06-03] 여러 가지 거울과 렌즈를 통해 나타나는 상을 관찰하여 상의 특징을 비교하고, 평면거울에서 상이 생기는 원리를 설명할 수 있다.	상	여러 가지 거울과 렌즈를 통해 나타나는 상의 특징을 비교하고, 평면거울에서 상이 생기는 원리를 설명할 수 있다.	특징	비교	원리
[9과06-03] 여러 가지 거울과 렌즈를 통해 나타나는 상을 관찰하여 상의 특징을 비교하고, 평면거울에서 상이 생기는 원리를 설명할 수 있다.	중	여러 가지 거울과 렌즈를 통해 나타나는 상을 관찰하고, 상의 특징을 비교하여 설명할 수 있다.	관찰	비교	설명
[9과06-03] 여러 가지 거울과 렌즈를 통해 나타나는 상을 관찰하여 상의 특징을 비교하고, 평면거울에서 상이 생기는 원리를 설명할 수 있다.	하	여러 가지 거울과 렌즈를 통해 나타나는 상을 관찰하여 표현할 수 있다.	관찰	표현	

[평가 기준 속 기능 요소 분석 예시]

이를 바탕으로 평가 수준별로 어떠한 기능이 더 많이 요구되는지 단어 빈도수를 분석해 보면, 상대적인 비율을 확인할 수 있다.

하		중		상	
1. 말할	71 (8.4%)	3. 설명할	59 (5.6%)	3. 설명할	73 (5.1%)
2. 의미를	14 (1.7%)	1. 말할	13 (1.2%)	11. 과정을	15 (1%)
3. 설명할	11 (1.3%)	10. 알고	10 (1%)	15. 이용하여	15 (1%)
4. 예를	8 (0.9%)	11. 과정을	7 (0.7%)	13. 이해하고	13 (0.9%)
5. 구성하는	7 (0.8%)	4. 예를	7 (0.7%)	4. 예를	12 (0.8%)
6. 나열할	5 (0.6%)	2. 의미를	6 (0.6%)	16. 관련지어	11 (0.8%)
7. 간단한	4 (0.5%)	12. 찾을	6 (0.6%)	17. 특징을	9 (0.6%)
8. 관찰하여	3 (0.4%)	5. 구성	5 (0.5%)	18. 관계를	9 (0.6%)
9. 종류를	3 (0.4%)	13. 이해하고	5 (0.5%)	10. 알고	9 (0.6%)
		14. 모형으로	5 (0.5%)	14. 모형을	8 (0.6%)
				18. 표현할	7 (0.5%)
				19. 구조와	6 (0.4%)

의미를 말하기	예를 설명하기	관계를 설명하기
	과정을 설명하기	

[중학교 과학과 평가 기준 속 기능 요소에 대한 평가 수준별 빈도 분석 예시]

가장 연하게 표시된 표현들은 하 수준에서부터 사용된 표현이고, 중간 명암으로 표시된 표현들은 중 수준에서부터 사용된 표현이다. 가장 진하게 표시된 표현들은 상 수준에서 등장하기 시작한 표현이다. 이를 정리하면 기능들이 하 수준에서 상 수준까지 '의미를 말하기 → 예를 설명하기 → 과정을 설명하기 → 관계를 설명하기' 순서로 요구되고 있음을 발견할 수 있다. 물론 각 표현 앞에 어떤 지식적 내용이 들어가느냐에 따라 평가 수준도 변할 수 있지만, 학생들이 학습 과정에서 길러야 할 기능을 수준별로 나누어 생각해 볼 수 있다.

그리고 이는 블룸의 인지 영역의 교육목표 분류와도 비교해 볼 수 있다.

수준	동사 예
• 지식 : 구체적 사실, 사건, 인물, 날짜, 방법, 절차, 개념, 원칙과 이론 등 학습했던 것의 재생과 기억	명명하다, 연결하다, 나열하다, 재생하다, 선택하다, 다시 말하다, 진술하다, 정의하다, 기술하다, 재생산하다
• 이해 : 의미를 이해하고 파악, 상징체계 전환(예 : 퍼센트를 분수로), 해석, 설명, 예측, 추론, 재진술, 추정, 일반화, 이해를 증명하기 위해 사용하는 능력	설명하다, 전환하다, 해석하다, 다른 말로 바꾸어 표현하다, 예측하다, 재배열하다, 요약하다
• 적응 : 추상적 개념, 규칙, 일반화된 방법을 새롭고 구체적인 상황에 활용하는 능력	변화시키다, 증명하다, 수정하다, 산출하다, 풀다, 구성하다, 적용하다, 활용하다, 보여 주다
• 분석 : 구성 부분이나 요소로 분해하고 다른 요소들간의 관계를 이해하는 능력	구별하다, 비교하다, 분해하다, 도식화하다, 분별하다, 관련시키다, 분류하다, 범주화하다
• 종합 : 요소들과 부분들을 새로운 형태와 구조로 배열하고 결합하는 능력	생성하다, 결합하다, 구성하다, 집합시키다, 형성하다, 예측하다, 계획하다, 전망하다, 통합하다
• 평가 : 설정된 준거에 따라 대상의 특질, 가치를 판단하는 능력(예 : 결론을 지지하는 증거의 적절성을 결정하는 능력)	정당화하다, 비평하다, 결정하다, 판단하다, 주장하다, 결론을 내리다, 지지하다, 옹호하다, 평가하다, 증명하다, 확인하다

[블룸의 인지 영역의 교육목표 분류]

하 수준에서 많이 요구되던 '의미를 말하기'는 '지식과 이해' 수준의 '재생과 기억, 의미를 이해하고 파악, 설명'이라는 표현과 연결된다. 중 수준에서 많이 요구되던 '예를 설명하기, 과정을 설명하기'는 '적용' 수준의 '규칙, 일반화된 방법'과 연결된다. 상 수준에서 많이 요구되던 '관계를 설명하기'는 '분석, 종합' 수준의 '관계를 이해, 배열하고 결합'과 연결된다. 모든 요소가 완전히 들어맞는 것은 아니지만 다양한 자료들과의 연관성까지 검증하고 나면 모호하던 부분이 좀 더 명확해질 수 있다. 이러한 기능 분석을 통해 지식뿐 아니라 기능 요소의 난이도가 함께 고려된 평가 설계도 가능할 것이다.

다음으로는 '교과 핵심역량의 하위 요소'에 대해 살펴보자. 교과 핵심역량에는 앞서 살펴본 기능뿐만 아니라 태도에 관한 내용도 포함되어 있다. 2015 개정 과학과 교육과정 속 5가지 핵심역량을 보며 각 역량 속 하위 요소들을 추출해 보면 다음과 같은 결과를 얻을 수 있다.

- 과학적 사고력은 과학적 주장과 증거의 관계를 탐색하는 과정에서 필요한 사고이다. 과학적 세계관 및 자연관, 과학의 지식과 방법, 과학적인 증거와 이론을 토대로 합리적이고 논리적으로 추론하는 능력, 추리 과정과 논증에 대해 비판적으로 고찰하는 능력, 다양하고 독창적인 아이디어를 산출하는 능력 등을 포함한다.
- 과학적 탐구 능력은 과학적 문제해결을 위해 실험, 조사, 토론 등 다양한 방법으로 증거를 수집, 해석, 평가하여 새로운 과학 지식을 얻거나 의미를 구성해 가는 능력을 말한다. 과학적 탐구를 위해서는 과학 탐구 기능과 지식을 통합하여 적용하고 활용하는 능력이 필요하며 과학적 사고력이 이 과정의 기초가 된다.

- 과학적 문제해결력은 과학적 지식과 과학적 사고를 활용하여 개인적 혹은 공적 문제를 해결하는 능력이다. 일상생활의 문제를 해결하기 위해 문제와 관련 있는 과학적 사실, 원리, 개념 등의 지식을 생각해 내고 활용하며 다양한 정보와 자료를 수집, 분석, 평가, 선택, 조직하여 가능한 해결 방안을 제시하고 실행하는 능력이 필요하다. 문제해결력은 문제해결 과정에 대한 반성적 사고 능력과 문제해결 과정에서의 합리적 의사 결정 능력도 포함한다.
- 과학적 의사소통 능력은 과학적 문제해결 과정과 결과를 공동체 내에서 공유하고 발전시키기 위해 자신의 생각을 주장하고 타인의 생각을 이해하며 조정하는 능력을 말한다. 말, 글, 그림, 기호 등 다양한 양식의 의사소통 방법과 컴퓨터, 시청각 기기 등 다양한 매체를 통하여 제시되는 과학기술 정보를 이해하고 표현하는 능력, 증거에 근거하여 논증 활동을 하는 능력 등을 포함한다.
- 과학적 참여와 평생학습 능력은 사회에서 공동체의 일원으로 합리적이고 책임 있게 행동하기 위해 과학기술의 사회적 문제에 대한 관심을 가지고 의사 결정 과정에 참여하며 새로운 과학기술 환경에 적응하기 위해 스스로 지속적으로 학습해 나가는 능력을 가리킨다.

[과학과 핵심역량]

핵심역량	하위 요소
과학적 탐구 능력	증거를 수집하기 증거를 해석하고 평가하기 새로운 지식 얻기 지식의 새로운 의미 구성하기
과학적 사고력	주장과 증거의 관계 탐구하기
과학적 의사소통 능력	자신의 생각 주장하기 다양한 표현 방법 사용하기 다양한 의사소통 방법 사용하기 타인의 생각 이해하기 자신의 생각 조정하기
과학적 문제해결력	문제를 해결하기 반성적 사고하기
과학적 참여와 평생학습 능력	일상 속 과학 문제에 관심 가지기 스스로 학습하기 지속적으로 학습하기

[과학과 핵심역량의 하위 요소 추출 예시]

하위 요소를 추출하는 과정은 앞에서 소개한 구인타당도를 높이는 과정(1. 평가의 핵심, 타당도에 주목하라! 부분 참조)과 유사하게 진행할 수 있다. 문장을 보며 핵심역량 속 하위 요소를 추출하고 위계에 따라 정렬한다. 이때 객관성을 확보하기 위해 교육과정 문서에 제시된 표현의 변형을 최소화한다. 위계에 따라 정렬할 때는 학생들의 학습 과정도 고려한다. 이러한 과정을 통해 수업에서 길러야 할 역량이 무엇인지 더욱 구체화할 수 있다. 여기서 끝난 것이 아니다. 이렇게 추출한 핵심역량의 하위 요소를 각 평가 기준과 연결해 보면서 각 평가 기준 속에 숨어 있는 핵심역량의 하위 요소가 무엇인지도 정리할 수 있다.

평가 기준	수준	지식	과학과 핵심역량의 하위 요소				
			탐구	사고	의사소통	문제해결	참여와 평생학습
여러 가지 거울과 렌즈를 통해 나타나는 상의 특징을 비교하여 설명함.	상	상의 형성	새로운 지식 얻기	주장과 증거의 관계 탐구하기	자신의 생각 주장하기	문제를 해결하기	일상 속 과학 문제에 관심 가지기
여러 가지 거울과 렌즈를 통해 나타나는 상의 특징을 비교함.	중	상의 특징	증거를 해석, 평가하기	–	자신의 생각 주장하기	문제를 해결하기	일상 속 과학 문제에 관심 가지기
여러 가지 렌즈를 통해 나타나는 상의 특징을 비교하여 설명함.	중	상의 특징	증거를 해석, 평가하기	–	자신의 생각 주장하기	문제를 해결하기	일상 속 과학 문제에 관심 가지기
여러 가지 렌즈를 통해 나타나는 상을 관찰하여 표현함.	하	상	증거를 수집하기	–	다양한 표현 방법 사용하기	문제를 해결하기	일상 속 과학 문제에 관심 가지기

[평가 기준 속 과학과 핵심역량의 하위 요소 정리 예시]

평가 기준 속 핵심역량의 하위 요소들을 넣는 과정에서 빈칸이 생기기도 하고, 하나의 평가 기준 속에 여러 하위 요소가 들어가기도 한다. 하지만 역량별로 가장 적합한 하위 요소를 한 가지만 골라 넣고, 빈칸이 생길 때는 그대로 두면서 정리할 수 있다. 교사가 지식의 관점으로만 접근하던 평가 기준을 역량이라는 관점으로 다시 바라보면 또 다른 성찰 지점을 만날 수 있다. 평가 기준에서 많이 등장하는 역량이 무엇인지, 상대적으로 부족한 역량은 무엇인지 파악할 수 있을 것이다.

이렇게 평가 기준 속 기능 요소와 핵심역량 속 하위 요소 분석 과정은 교사가 역량 교육에 대해 구체적인 계획을 세우는 데 도움이 될 것이다. 그리고 학기초 수업 오리엔테이션 시간에 이러한 역량을 학생들에게 명시적으로 알려 주며 학생이 자신의 목표를 구체화할 수 있도록 안내하는 데 활용할 수도 있다. 교사만 생각해 오던 역량 교육에 대해 학생과 공유하면서, 학습을 위한 공감대 형성과 목표 구체화에 도움이 될 것이다. 그리고 이를 교실에 항상 게시하여 수업을 진행하는 과정에서도 현재 활동이 어떤 역량을 위한 활동인지 지속적으로 안내할 수 있다. 이러한 준비는 추후 총괄적 지필평가에서 여러 역량을 관통하는 평가 진행과 연결된다.

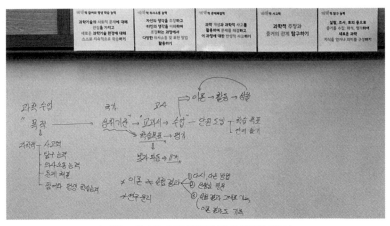

[과학 교실 수업 오리엔테이션 및 게시 자료 예시]

지필평가, 새롭게 도전하기

1) 거듭된 고민과 질문

교사 D는 지필평가에 대한 고민을 거듭하며 다음과 같은 몇 가지 질문을 갖게 되었다. 자유학년제가 운영되는 중학교 1학년을 담당하였기에, 그와 관련된 고민도 생겼다. 이러한 고민을 담아 실제로 어떤 노력과 실천들을 했을까?

- 총괄평가의 기능과 목적을 살린다면 여러 성취기준을 관통하는 무언가(지식, 기능, 태도)를 평가해야 하지 않을까?
- 지필평가의 2가지 특성인 '일제식 정기 고사라는 형식'과 '총괄평가라는 기능과 목적' 중 무엇이 더 중요할까?
- 자유학년제, 수행평가 확대 등의 변화 속에서 일제식 정기 고사는 사라지더라도 총괄평가는 남아야 하지 않을까?

1) 내용 바꿔 보기

D는 기존에 학생의 학습 부담을 고려한다는 명목하에 수행평가했던 내용을 시험 범위에서 제외하는 방식에서 벗어났다. 시험 범위는 1학기에 학습한 전체 범위로 설정했다. 총괄평가로서의 의미도 더하려다 지필평가 범위의 증가로 발생하는 학생의 학습 부담을 완화하기 위해 학생이 학습해 왔던 수업 과정과의 연계성을 더욱 강화했다. 이른바 수행평가 연계형 지필평가를 실시한 것이다. 학생이 수행평가 후 실시되는 교사의 전체·개별 피드백 과정에 충실하게 참여했다면 충분히 해결할 수 있는 유사 과제를 지필평가에서 다시 출제하는 방식이었다.

교육과정 성취기준		평가 기준
[9과09-01] 물체가 대전되는 현상이나 정전기 유도 현상을 관찰하고 그 과정을 전기력과 원자 모형을 이용하여 설명할 수 있다. 〈탐구 활동〉 마찰 전기를 이용하여 정전기 유도 현상 실험하기	상	마찰이나 정전기 유도에 의해 물체가 대전되는 과정을 전기력과 원자 모형을 이용하여 설명할 수 있다.
	중	물체를 마찰하면 전자의 이동에 의해 대전됨을 알고, 인력과 척력을 구분하여 설명할 수 있다.
	하	마찰시켜 대전된 두 물체 사이에 전기력이 작용함을 설명할 수 있다.

[성취기준과 평가 기준]

과학 조별 협력 활동지   20 년 ( )월 ( )일 ( )교시 학번 ( ) 이름 ( )

♬ 대전과 정전기 유도의 원리 활용 (정전기봉) ♬

! 목표: 물체가 대전되는 현상이나 정전기 유도현상을 관찰하고, 그 과정을 전기력과 원자 모형을 이용하여 설명할 수 있다.

! 조별(4인 1조) 준비물: 정전기봉(Flystick), 플라이어(Flyer)

※ 실험 유의사항
☑ 플라이어가 찢어지지 않도록 주의한다.

1. 실험과정

① 정전기봉을 이용해 플라이어를 띄워보자.

② 대전과 정전기유도 원리를 이용하여 다양한 현상을 만들어보고 이를 아래 실험결과에 기록한다.

※ 다양한 시도는 좋지만 단순한 놀이만 하지 않도록 주의한다.
　항상 대전과 정전기 유도 원리를 생각하며 실험을 진행한다.

[수행평가 활동지 1]

3. 조별 실험결과 중 **대전**의 개념으로 설명할 수 있는 현상을 고르고, 이러한 현상이 일어난 이유를 "대**전**"의 개념을 이용하여 설명하시오.

가. 관찰된 현상(그림도 가능) ⇒

나. 위 현상이 일어난 이유를 "**대전**"의 개념을 이용하여 설명하시오.

⇒

[수행평가 활동지 2 (문항 일부)]

　　그리고 학생들이 재미있어 하면서 어려워하기도 하는 정전기 관련 실험을 수행평가 주제로 선택했다. 성취기준과 평가 기준을 바탕으로 물체의 대전현상과 정전기 유도 현상이라는 2가지 현상을 직접 관찰하고, 이에 대해 탐구하는 실험 활동이었다. 학생들은 조별로 정전기와 관련된 다양한 현상을 직접 만들어 보고 관찰하며 기록했다. 관찰,

기록이 완료되면 관찰한 여러 현상들을 대전과 정전기 유도로 나누는 토의를 진행했다. 학생들은 조별 활동의 관찰 결과와 토의 결과를 바탕으로, 관찰한 현상들 속 대전과 정전기 유도 과정을 개인별 보고서로 작성했다.

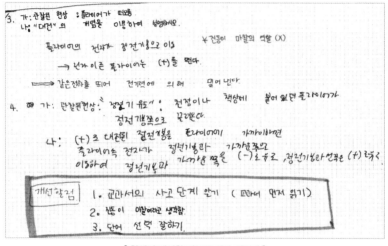

[학생이 작성한 피드백 결과 기록지]

수행평가가 완료되면 다음 차시 수업에서 교사가 학생들에게 문제에 대한 정답, 유사 정답, 오답 유형 등을 안내하며 전체 피드백을 진행했다. 전체 피드백이 완료되면 학생들은 위와 같이 각자 피드백 결과 기록지에 자신의 성찰 내용을 기록했다. D는 교실을 순회하면서 개별 학생들의 질문에 답하는 개별 피드백을 진행했다. 이렇게 수행평가나 활동 후 피드백 활동을 여러 주제에 대해 진행하고 학기말에는 지필평가에 관련된 문항을 출제했다.

6. <보기>는 정전기봉을 이용하여 대전 현상과 정전기 유도 현상을 비교하는 실험에 대한 자료이다.

———— <보기> ————

1) 현상①

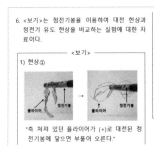

"축 처져 있던 플라이어가 (+)로 대전된 정전기봉에 닿으면 부풀어 오른다."

2) 현상②

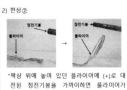

"책상 위에 놓여 있던 플라이어에 (+)로 대전된 정전기봉을 가까이하면 플라이어가 정전기봉 쪽으로 끌려온다."

현상 ①~②중 **"정전기 유도 현상"**에 해당하는 것을 고르고, 그러한 현상이 일어난 이유를 설명하시오. (3점)

현상 ①~②중 **"정전기 유도 현상"**에 해당하는 것을 고르고, 그러한 현상이 일어난 이유를 설명하시오. (3점)

| 작성 조건 | "전자의 이동", "플라이어에 유도된 전하"에 대한 설명이 포함되어야 함. |

⇒

[지필평가 문항]

　수행평가에서는 학생들이 관찰한 여러 현상 중 하나를 골라 과학적 원리를 설명하는 방식이었다면, 지필평가에서는 교사가 대표적인 현상을 주고 이에 대해 설명하게 하는 문항을 위와 같이 출제했다. 수행평가에 참여하고 피드백을 잘 받아 정리한 학생이라면 해결할 수 있도록 설계한 평가 문항이었다.

　학기초 수업 오리엔테이션 시간에 수행평가 연계형 기말고사를 실시한다는 교사의 안내에 학생들은 반신반의했다. D는 학생들에게 지필평가가 끝나면 지필평가에 대한 피드백 활동 시간을 마련하겠다고 안내했다. 문항별 출제 근거, 문항 해설, 채점 기준 공지, 이의 신청 등을 진행할 예정이라는 안내였다. 실제 지필평가가 끝나자마자 몇몇 학생은 D에게 찾아와 '진짜 선생님 말씀처럼 수업 시간에 학습한 것들이 출제되었다며 감사하다'는 후기를 전했다. 1학기 전 범위, 100% 서술형 문항이라는 어려움에도 불구하고 오히려 수행평가보다 쉬웠다는 후기를 전하는 학생도 있었다.

　D는 전체 학생들이 어떻게 느껴졌는지 알아보기 위해 학기말 수업

만족도 설문 문항에 지필평가에 관한 질문을 넣었다. '수행평가와 연계한 지필평가에 대해서 어떻게 생각하나요'라는 질문이었다. 학생들의 서술형 응답을 분석한 결과 긍정적 답변의 비율이 73%, 중립 22%, 부정 5%로 집계되었다. 실제 학생들의 답변은 다음과 같았다.

학습 동기

오로지 수업시간에 한 내용만 가지고 기말고사에 반영하니 수업시간에만 집중하면 기말고사를 잘 볼 수 있는 것 같아 좋다.

수업 시간에 집중을 하게 만들어 주어서 좋은 것 같다.

수업내용 안에서 시험 문제가 다 출제되어서 성찰일기만 잘 공부하면 시험에서 좋은 성적을 얻을 수 있어 좋다.

좋다. 기말고사를 대비하기 편하고 수행평가때 틀린 문제를 기말고사에서는 꼭 맞추겠다 하는 의지도 생겨서 좋은것 같다.

학습 효과

긍정적으로 생각한다.왜냐하면 실험을 하고나서 실험으로만 끝내는게 아니라 실험에서 얻은 자료들을 이용하여 개념을 이해하여 평상시에 습득 하였기때문에 수행평가와 연계된 기말고사때도 그 개념의 과정이 떠올랐고단순 암기가 아니라서 오래 기억에 남을수 있었다.

수행평가와 연결 지어서 하니 기말점수는 둘째치고 내가 그것을 이해하는지 알게 되었다.

복습 효과 (재도전)

여러번 공부 할 수 있고 시험은 자신이 공부한 것을 얼마나 아는지 확인하는 것이라고 배웠는데 수행평가로 공부했던 것이 기말고사에 나오는 것이 좋은 것 같다.

수행평가와 연관지어서 해서 수업시간을 다시 복습하는 시험으로 느껴졌고, 기말고사를 통해서, 물렀던 수행평가나 기말의 실험을 수행평가 때 한 성찰일기를 꺼내며 다시한번 복습할 수 있게하였다.

수행평가때 활동했던것들을 복습하고 그것에 대해 더 공부해보는 계기를 주는것 같아 좋았다.

기타

너무너무 좋다 적당한 난이도이고 다른기말고사와 달라서 좋다

[긍정 응답(일부)]

괜찮긴 한데 단원이 어려웠다.
걱정에 비해서 괜찮은 편이다.
기말고사의 난이도는 적당했지만 평가는 조금 어려웠던것 같다.
내가 공부를 재대로 하지않은 것같다
부정 없음.
평소 수업시간에 잘들어야 된다는 생각이 들었다.
나쁘지 않다고 생각한다. 수행평가에 했던 내용만 기억하면 기말고사는 쉽게 볼 수 있기 때문이다.
수행평가가 기말고사보다 훨씬 어려워서 기말고사처럼 수행평가 문제를 내주셨으면 좋겠다
틀려도 반반할 수가 없다.
좋다고 생각하는 부분도 있고, 그저 그런 부분도 있다. 왜냐하면 수행평가와 연계된 기말고사를 보며 복습을 할 수 있는 장점이 있다. 하지만 기말고사에서 다르게 응용한 문제가 나온다면 그건 그거대로 공부가 될 수 있을 것 같다. 점수에 상관없이 어떻게 하면 학습을 더 할 수 있을까? 에 대해서 궁금증이 든다.
기말고사는 봐야겠다고 생각한다.
진짜 난이도는 너무 괜찮았는데 내가 못 풀었다
...그냥 그랬다! 그래도 좋았다.
수행평가가 어렵다보니까 시험이 상대적으로 쉬워서 마음이 한결 편했다.

전부 서술형이라 어려웠ㄷㅏ.
학습하기엔 좋았지만 문제가 재미가 없었습니다...
어렵다

[중립 및 부정 응답(전체)]

긍정적으로 판단한 학생들의 경우 수업과 지필평가가 연계되어 있어 수업과 피드백 과정에 더욱 집중할 동기가 생겼다는 의견, 자신이 학습한 내용을 복습하게 해 준다는 의견, 수행평가에서 부족했던 부분에 대한 재도전의 기회가 되었다는 의견 등 자신의 학습에 도움이 되었다는 내용이 주를 이루었다. 중립 및 부정 의견 중에는 지필평가에서 새로운 응용문제가 나오면 그것 나름대로 학습에 도움이 될 것이라는 의견도 나왔다. D가 지필평가에 변화를 시도하면서 걱정되던 부분 중 하나를 정확히 지적하는 의견이었다. 여전히 보완해야 할 사항이 많은 시도였으나 그럼에도 불구하고 의미 있는 변화였다. 여러 응답 중 교사로 하여금 잠시 생각의 시간을 갖게 해 준 응답이 있다.

"평소 수업을 성실하게 들으면 시험을 잘 볼 수 있어서 좋다."

많은 교사가 학생들로부터 어떻게 해야 시험을 잘 볼 수 있냐는 질문을 받았을 때 자주 하던 답이다. 어쩌면 교사가 학생들이 꼭 가지고 있었으면 하는 생각 중 하나일지도 모른다. D는 이 답이 학생의 입에서 나왔다는 것에서, 작은 시도였지만 의미 있는 변화를 느낄 수 있었다.

2) 형식 바꿔 보기

D는 새로운 지필평가를 다음과 같은 하나의 식으로 표현하였다.

'기존 지필평가 - 형식 + 기능과 목적 = 새로운 지필평가'

이 표현은 기존 지필평가에서 형식은 빠지더라도 기능과 목적에 더 충실한 것이 새로운 지필평가의 모습이 될 수 있지 않을까 하는 고민을 담은 것이다. 이러한 고민을 바탕으로 자유학년제가 운영되고 있는 중학교 1학년 수업에서 총괄적 수행평가를 계획해 보았다.

첫 번째 사례는 단원 연결형 수행평가이다. 여러 단원에서 배운 역량 중 기능적 측면에서의 연관성을 바탕으로 평가를 구성했다. 2015 과학과 교육과정의 중학교 1학년 단원에서는 다음과 같이 '분류하기'와 관련된 성취기준이 있음을 활용한 평가였다.

단원명	성취기준
지권의 변화	[9과01-02] 지각을 이루는 암석을 생성 과정에 따라 분류할 수 있으며, 암석의 순환 과정을 설명할 수 있다.
생물의 다양성	[9과03-02] 생물 종의 개념과 분류 체계를 이해하고 생물을 계 수준에서 분류할 수 있다.
빛과 파동	[9과06-03] 여러 가지 거울과 렌즈를 통해 나타나는 상을 관찰하여 상의 특징을 비교하고, 평면거울에서 상이 생기는 원리를 설명할 수 있다.

['분류하기'와 관련된 단원별 성취기준]

'지권의 변화'와 '생물의 다양성' 단원에서는 '분류할 수 있다'라는 성취기준이 명시적으로 드러나 있다. '빛과 파동' 단원에서는 '상의 특징을 비교한다'고만 제시되어 있지만, 실제 연속적으로 변화하는 상의 특징을 비교하기 위해 상을 특징에 따라 분류하는 과정이 필요하다. 이러한 연관성을 바탕으로 다음과 같은 자료가 제시되었다.

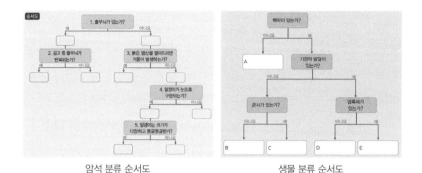

암석 분류 순서도 　　　　　　　생물 분류 순서도

[분류하기 관련 단원별 자료]

　학생들은 암석 분류, 생물 분류를 학습하면서 과학적 분류를 위해 객관적 기준을 만드는 방법, 분류 기준을 순서도로 표현하는 방법을 학습하였다. 이러한 학습 결과를 상의 특징에 대한 학습에서 활용해 보는 평가였다. 학생들은 연속적으로 변화하는 여러 가지 상을 관찰하고, 이를 과학적으로 분류하는 기준을 세울 수 있었다. 그 기준은 상의 모양과 크기인데 이를 바탕으로 만들어진 분류 기준을 다음과 같은 순서도로 표현할 수 있었다.

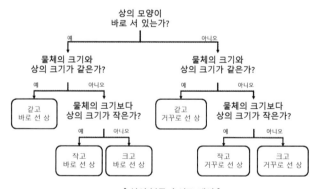

[상의 분류 순서도 예시]

두 번째 사례는 역량 통합형 수행평가이다. D는 학생들이 여러 단원을 거치며 성장시킨 역량을 활용할 수 있도록 평가를 구성했다. 앞에서 제시한 과학과 핵심역량 5가지를 모두 활용하는 과제였다. 본 과제에서는 특히 아래와 같은 핵심역량의 하위 요소들이 강조되었다. 하나의 평가 활동에 여러 평가 기준이 들어가다 보니 하위 요소 역시 여러 개가 들어가게 되었다.

핵심역량	하위 요소	활동 요소
과학적 탐구 능력	• 증거를 수집하기 • 증거를 해석하고 평가하기	• 열화상 사진 촬영하기 • 열화상 사진을 통해 단열 취약 장소 선정하기
과학적 사고력	• 주장과 증거의 관계 탐구하기	• 열화상 사진에서 단열 취약 지점 찾기
과학적 의사소통 능력	• 자신의 생각 주장하기 • 다양한 표현 방법 사용하기	• 선정된 장소의 단열 필요성 설명하기 • 안내 자료 시각화하기
과학적 문제해결력	• 문제를 해결하기	• 선정된 장소에서 활용할 단열 방법 설명하기
과학적 참여와 평생학습 능력	• 일상 속 과학 문제에 관심 가지기	• 우리 학교에서 단열이 필요한 장소 찾기

[이번 과제에서 강조되는 핵심역량의 하위 요소와 활동 요소]

학생들은 열의 이동에 대해 학습하고 본활동을 시작했다. 우선 개인별로 다양한 단열 방법을 조사했다. 조별 토의를 통해 교내 여러 장소 중 단열이 필요할 것으로 예상되는 장소 3곳을 선정했다. 장소 선정이 끝나면 열화상 카메라를 들고 해당 장소에 가서 열화상 사진을 찍으며 단열이 안 되는 부분에 대한 증거 자료를 수집했다. 자료수집이 끝나면 수집한 자료를 바탕으로 해당 장소에 단열이 필요함을 주장하는 안내 자료를 제작했다. 안내 자료 제작 시에는 문제 제기를 넘어서 사전에 조사한 단열 방법들을 어떻게 적용할지 설명하는 것으로 수업이 마무리되었다.

[학생용 활동지]

강당 단열의 필요성

열의 열화상 사진은 위에는 강당 창문의 커튼을 치고 찍은 것이고 밑에는 강당 창문의 커튼을 반은 치고 반은 치지 않고 찍은 것입니다. 이때, 열 열화상 사진을 보면 커튼을 치지 않았을 때 열의 복사로 인해 창문의 온도가 높으며, 커튼을 쳤을 때에도 창문의 온도가 높은 것을 볼 수 있습니다.

따라서, 커튼만으로는 열의 복사를 차단해, 효율적인 단열을 하기에는 부족하다는 것을 알 수 있습니다. 열화상 사진을 통해 강당 창문이 얇은 것과 일반유리로 이루어져있고, 틈이 조금씩 있는 점이 요인이라고 추측할 수 있습니다. 결과적으로는 커튼을 쳐도, 창문 자체에서 단열이 잘 이루어지지 않아 단열이 효율적으로 이루어지지 않는다는 것을 알 수 있었습니다.

따라서, 위의 문제점을 해결하기 위해서는 3가지 단열방법을 제안하고 싶습니다. 첫번째로는 창문을 이중으로 만드는 것입니다. 이중창문은 창문이 2개로, 열의 복사를 창문이 하나인 것보다 훨씬 효과적으로 차단합니다. 두번째로는 창문에 열차단 단열필름을 사용하는 것입니다. 열차단 단열필름을 창문에 사용하면, 열적외선을 그대로 통과시키는 원래 창문유리와는 달리 여름철에 태양열의 유입을 차단해 실내가 시원해지는 효과가 있습니다. 세번째로는 단열 시트(에어캡)를 사용하는 것입니다. 에어캡은 창문틀이나 유리창에 덧대어 붙여, 더운공기가 찬유리에 닿아 식는것을 막습니다. 또한, 열손실을 줄여, 실내온도를 4~8도 정도 상승시켜 주는 효과가 있습니다.

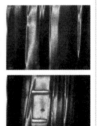

[학생 활동 결과물 예시]

여전히 남아 있는 어려움

1) 적용 능력에 대한 평가는 어디까지

학습이 학생의 삶과 연결되기 위해서는 학습이 지식과 이해의 단계를 넘어 새롭고 구체적인 상황에 적용할 수 있는 단계에 도달해야 한다. 하지만 교육과정 총론의 문구를 곱씹으며 읽다 보면 교사가 평가 단계에서 갑자기 제시한 새로운 상황이 교수학습과 일관성이 있는 것인지, 그리고 학생은 새로운 상황을 해결할 수 있을 만큼 충분한 배움의 기회가 있었다고 생각하는지 고민이 생길 수 있다.

3. 평가
나. 학교와 교사는 성취기준에 근거하여 학교에서 중요하게 지도한 내용과 기능을 평가하며 교수 · 학습과 평가 활동이 일관성 있게 이루어지도록 한다.
　1) 학생에게 배울 기회를 주지 않은 내용과 기능은 평가하지 않도록 한다.
[2015 개정 교육과정 총론. 교육부]

적용 능력 평가를 위한 새로운 상황의 제시가 자칫 학생들에게 다르게 받아들여질 수 있기 때문이다. 예컨대, 학생은 수업과 일관성도 없고 배울 기회도 제공받지 못한 내용이나 기능을 평가받는다고 생각할 수 있을 것이다. 특히 과학을 포함한 일부 교과에서는 상황의 변화가 난이도와 직결되기도 한다. 실제로 교사가 새로운 상황의 문제 해결을 요구하는 문항을 만들다 보면 학생이 선행학습 요소를 활용해야만 문제를 해결할 수 있는 오류 문항이 개발되기도 한다. 그렇다고 새로운 상황에 적용하는 문제를 완전히 없애다 보면 단순히 학습했던 기억을 재생하는 수준의 문제들만 남기 때문에 이 역시 좋은 평가라 보기 어려울 수 있다.

교사는 변별만을 목적으로 평가를 설계하거나 교사의 입장에서만 평가 문항을 검토한 뒤 이것이 적용 능력을 평가하는 것이라고 판단하는 자기합리화에서 벗어날 필요가 있다.

해당 평가가 학생의 입장에서도 수업 중 학습한 역량으로 해결 가능한 적용 능력 평가인지 받아들여질 수 있도록 세세하게 살피는 노력이 좋은 평가에 한걸음 더 다가가게 할 것이다.

2) 형식 vs 기능과 목적

앞서 확인해 본 지필평가의 지침상 정의(211쪽)를 보면 지필평가는 문항의 형식이 아닌 일제식 정기 고사라는 평가 진행 형식을 의미한다. 그런데 이러한 형식을 유지하면서 평가 상황이나 문항 형태를 다양하게 만드는 것에는 한계가 있다. 총괄평가로서의 기능과 목적에 충실하기 위해 교사가 평가 상황과 문항 형태를 발전시키다 보면 '일제식 정기 고사'라는 평가 형식을 유지하기 어려워지는 순간을 만날 수 있는 것이다.

이런 장면에서 교사는 형식과 기능(목적) 중 무엇을 선택해야 할까? 여기서는 기능과 목적을 선택해야 한다고 주장하고 있지만, 현재 교사, 학교, 사회가 이것을 받아들일 준비가 되어 있는지는 확언하기 어렵다. 여전히 일제식 정기 고사가 가장 공정하고 객관적인 평가라는 인식이 학교 안팎에 존재하기 때문이다. 이로 인해 교육자나 교육기관마다 지필평가가 없는 것이 더 좋은 평가의 모습이라는 주장과, 지필 평가가 필요하다는 주장이 대립하고 있다.

자유학년제에서 형성평가라는 명목하에 지필평가가 진행되는 모습, 평가를 개선하기 위해 수행평가 비율을 조금씩 늘려 오다가 학부모의 민원과 학교 관리자의 강요로 인해 다시 지필평가 비율을 늘리기로 했다는 일부 학교들의 모습 등을 보면 여러 가지 고민들이 다시 머릿속에 차오른다. 하지만 좋은 공동체라면, 아무리 고된 고민이라도 함께 학습하고 논의하며 실천하는 노력을 해 나갈 것이다. 교사는 그 공동체의 중요한 구성원으로서 노력해야 한다. 아무리 작은 노력이라 하더라도 그 노력의 결과는 큰 변화로 이어질 수 있기 때문이다.

수행평가와 지필평가의 비율 조정에 대해 고민하던 교사 D가 오랜만에 모교를 찾은 고등학생 제자를 만났다. 이런저런 이야기를 나누던 중 D가 평가 비율에 대한 고민을 털어놓았다. 그러자 제자는 다음과 같은 현답을 주었다.

"저희 입장에서는 수행평가와 지필평가의 비율은 별로 중요치 않아요.
평가의 질이 더 중요해요."

학생들은 지필평가를 어떻게 생각하고 있을까?

지필평가에 대한 고민이 학생을 향하고 있다면, 지필평가를 경험한 학생들은 어떻게 느끼고 있는지도 다시 바라보아야 할 것이다. 중학교 시절 앞선 사례에서 소개한 지필평가의 변화 중 일부를 경험하고 현재는 고등학교에 재학 중인 학생들과 지필평가에 관한 이야기를 나누어 보았다. (학생들은 익명으로 하였으며, 편의상 A, B, C로 지칭한다.)

진행자(과학 교사) : 중학교에 입학하기 전에 지필평가는 어떤 평가라고 생각했나요?

학생 A : 초등학교 선생님은 제가 아는 것과 모르는 것을 점검하고 이것 중 부족한 것을 보완하는 거라고 설명해 주셨던 기억이 나요. 그래서 그렇게 생각하고 있었어요.

학생 B : 고등학교나 대학 진학을 위해 필요한 평가라고 생각했어요. 진학을 위해서는 등급이 필요하고 그 등급 산정을 위해 가장 명확하게 평가할 수 있는 방식이 지필평가라고 생각했어요. 모두에게 공정한지는 모르겠지만 공평한 평가라고는 생각했어요.

학생 C : 저는 학생 A가 말한 게 더 맞는 것 같은데요. 실제는 학생 B가 말한 게 더 현실적이라서 그냥 그렇게 받아들이고 있었어요.

진행자(과학 교사) : 지필평가에 대한 교육적 의미와 현실적 의미를 둘 다 생각하고 있군요. 여러분에게는 둘 다 중요할 수 있겠네요. 중학교에서 '1학기 전 범위, 100% 서술형, 수행평가 연계'라는 3가지 특성을 가진 지필평가를 경험하면서 느낀 장단점은 무엇인가요?

학생 B : 100% 서술형이 처음에는 부담이 됐지만 아는 만큼 점수를 받을 수 있는 것 같아 좋았어요. 1학기 전 범위도 전체를 복습해야 하는 기회를 만들어 주어서 더 도움이 되었던 것 같아요.

학생 C : 저도 수행평가와 연계되어 있다 보니 지필평가는 복습의 의미가 강해서 편하게 볼 수 있었던 것 같아요.

학생 A : 저는 1학기 전 범위이고 수행평가와 연계가 되어 있어서 제가 수업 시간에 얼마나 열심히 하느냐에 따라 좋은 결과를 받을 수 있을 거라고 느껴졌어요. 그래서 수업 시간에도 더 몰입할 수 있었던 것 같아요.

학생 B : 단점은 수업 시간에 배운 것은 잘 기억하는데, 다른 수업이나 시험에서 활용, 확장하는 데 어려움이 생길 수 있다는 생각이 들어서 아쉽기도 했어요.

학생 C : 저도 응용이나 확장하는 경험이 부족했던 게 아쉽기는 했어요.

학생 A : 저는 조금 더 여러 유형의 문제를 접하면 그것도 나름 도움이 될 수 있었을 것 같은데 그런 부분이 아쉬웠던 것 같아요.

진행자(과학 교사) : 여러분이 이야기한 장점과 한계들을 듣다 보니 선생님이 걱정하던 부분도 있고 미처 생각하지 못했던 부분도 있네요. 특히 응용이나 확장에 대한 부분은 다양한 수준의 학생들이 함께 공부하는 상황이다 보니 선생님도 고민되는 부분이었어요. 고등학교에서 만난 지필평가의 어려움이나 단점은 무엇인가요?

학생 B : 지필평가를 통해 저의 역량을 제대로 보여 줄 수는 없다고 느꼈어요. 지필평가는 짧은 시간 내에 많은 내용을 담는 형식이잖아요. 거기에서 오는 압박감 때문에 아는데 실수로 틀리는 일도 있었거든요. 그래서 지필평가가 공정한지에 대해 의문이 들기도 했어요.

학생C : 저는 문제가 치사하다고 느껴질 때가 있었어요. 빠르게 읽다가 놓치기 쉬울 만한 함정이 있는 문제를 만났을 때 제가 제대로 아는지 확인하는 문제가 아니라 틀리라고 낸 문제 같아서 별로였어요. 변별만을 위한 문제 같았거든요. 그리고 특정일에 보다 보니 컨디션 등 외부적 요인이 작용한다는 느낌도 받았어요.

학생 A : 깊이 있는 이해보다는 암기가 중요한 문제들이 많이 나오는 것 같았어요. 수업 시간에 중요하게 다루지도 않고 1분 정도만 설명한 1장짜리 PPT 자료에서 시험문제가 나오거나 다루지도 않았던 지문들을 해석하는 문제를 만났을 때 수업과 연계성이 떨어진다고 느껴졌어요.

학생 B : 저도 그랬어요. 수업 시간에 배운 것을 확인받는 느낌이 아니라 수업 외적으로 길러진 저의 실력을 확인받는 느낌이었어요. 사실 응용이나 적용 능력을 평가한다고 하면 딱히 반박하기는 어렵지만, 학교 수업만 듣고 공부해서는 문제를 맞힐 수 없겠다는 생각이 들더라고요.

진행자(과학 교사) : 평가의 공정성, 치사하다는 느낌, 암기 위주의 문제 등 마치 선생님들로부터 평가에 대한 고민을 듣는 것 같아요. 여러분들에게 평가가 큰 부담이었고 그만큼 고민도 깊었겠다는 생각이 드네요. 수행평가보다 지필평가의 성적 반영 비율이 낮은데도 학생들이 지필평가에 더 부담을 느끼는 이유는 무엇일까요?

학생 A : 중학교 때 수행평가는 수업 중간중간에 보다 보니 수업 흐름과 굉장히 자연스럽게 연결됐던 것 같아요. 그런데 지필평가는 별도로 하루에 날이 잡히다 보니 내가 따로 열심히 준비해야 할 것 같은 부담이 느껴지는 것 같아요.

학생 B : 수행평가를 볼 때는 내가 알면 점수를 잘 받을 수 있겠다는 생각이 들었는데요, 지필평가는 내가 알더라도 문제를 푸는 테크닉이 더 있어야 점수를 받을 수 있겠다 싶어서 부담스러워요.

학생C : 수행평가는 수업의 일부처럼 다가왔어요. 그리고 선생님들께서 수행평가를 위한 시간을 넉넉하게 주시다 보니 여유롭기도 하고요. 그런데 지필평가는 정해진 짧은 시간 안에 마무리해야 해서 부담스러운 것 같아요.

진행자(과학 교사) : 평가 시기, 평가 시간 등 일제식으로 실시하다 보니 발생되는 문제점들을 여러분들도 느끼고 있군요. 그러면 마지막으로 여러분이 바라는 지필평가는 어떤 모습인가요?

학생C : 지필평가는 등급을 나누는 것이 목적이 아니라 학생이 배운 능력을 확인하는 평가였으면 좋겠어요.

학생 B : 교육과정 내에 있고, 수업에서 다뤄서 학생이 아는 만큼 결과가 나오는 평가였으면 좋겠어요.

학생 A : 지필평가는 제가 배웠던 것을 확실히 정리할 수 있는 평가였으면 좋겠어요.

진행자(과학 교사) : 여러분과 이야기하다 보니 평가에 대한 고민이 선생님들만의 고민이 아니라 여러 학생들도 가지고 있는 고민이었다는 걸 알게 되었어요. 같은 고민을 가진 선생님과 학생들이 함께 머리를 맞대어 해결 방안을 찾는 기회를 조금 더 일찍 만들지 못한 것 같아 아쉬움도 남네요. 여러 현실적 어려움이 있겠지만 앞으로 여러분이 경험하게 될 평가들이 빨리 암기하고 쏟아 내기보다는 차근차근 배우고 풀어내는 과정으로 자리 잡도록 선생님도 열심히 노력할게요.

프롤로그

김태현(2012). 교사, 수업에서 나를 만나다. 좋은교사.

파커 J, 파머(2005). 가르칠 수 있는 용기. 한문화.

1장

강현석 외(2021). 이해중심 교육과정을 위한 백워드설계의 이론과 실천. 학지사.

경기도교육청(2016). 2016 교육과정 정책 추진 계획. 교육과정정책과.

교육부&한국교육과정평가원(2017). 과정을 중시하는 수행평가 어떻게 할까요? 연구자료 ORM 2017-19-2.

김덕년(2017). 교육과정-수업-평가-기록의 일체화에 대한 고찰. 이슈페이퍼 2017-02-01. 한국교육개발원.

김정민(2018). 과정중심평가의 개념과 교육적 의의 탐색. 학습자중심교과교육연구, 18(20), 839-859.

리사 카터. 박승열, 이병희, 정재엽, 강운학 옮김(2017). 교육과정, 수업, 평가의 일체화. 살림터.

박승철, 박승렬, 이원재, 이영선, 강정화(2015). 교육과정-수업-평가 일체화 실태 및 활성화 방안 연구. 경기도교육연구원.

박윤경, 김미혜, 김병수(2017). 교육과정 문해력의 개념 정립을 위한 시론. 교육연구논총, 38(4), 27-50.

백남진(2013). 교사의 교육과정 해석과 교육과정 잠재력. 한국교육과정학회, 31(3), 201-225.

성정민(2019). 교육과정 문해력의 개념 탐구: 경기도교육청의 사례를 중심으로. 학습자중심교과교육연구, 19(2), 201-222.

신혜진(2014). 초등학교 국가수준 학업성취도평가자료 활용정책. 교육평가연구, 27(5), 1157-1188.

유영식(2018). 교육과정 문해력. 테크빌교육.

이경화, 강현영, 고은성, 이동환, 신보미, 이환철, 김선희(2016). 과정중심평가의 실행을 위한 방향 탐색. 수학교육학연구, 26(4), 819-834.

이명섭 외(2017). 교육과정-수업-평가-기록 일체화 실천편. 에듀니티.

이원재, 김현경, 송여주, 조수영(2016). 학교현장의 '교육과정, 수업, 평가(기록)' 일체화 수준 진단문항 개발. 정책진단 2016-14. 경기도교육연구원.

이형빈(2015). 교육과정-수업-평가 어떻게 혁신할 것인가. 맘에드림.

임종헌, 최원석(2018). 과정중심평가의 특징과 의미에 관한 연구: 자유학기제 '과정중심평가'를 중심으로. 한국교육, 45(3), 31-59.

정광순(2012). 교사의 교육과정에 대한 문해력. 통합교육과정연구, 6(2), 109-132.

천정은(2017). 당신의 교육과정-수업-평가를 응원합니다. 맘에드림.

최광락(2017). 4차 산업혁명을 대비하는 서울혁신미래교육과정. 서울교육 V226. 봄호.

한국교육과정평가원(2018). 중학교 교사별 과정중심 평가 이렇게 하세요. 연구자료 ORM 2018-56-3.

Tyler, R. W.(1949). Basic principles of curriculum and instruction. Chicago: The University of Chicago Press.

Wiggins, G. & McTighe, J.(1998). Understanding by design. Alexandria, VA: Association for Supervision & Curriculum Development.

2장

교육부(2015). 과학과 교육과정(교육부 고시 제2015-74호).

교육부(2015). 초·중등학교 교육과정 총론(교육부 고시 제2015-74호).

교육부(2021). 2021학년도 학생 평가의 이해.

김선·반재천(2021). 학생의 배움과 성장을 지원하는 과정 중심 피드백. 도서출판 AMEC.

김성숙, 김희경, 서민희, 성태제(2015). 교수·학습과 하나되는 형성평가. 학지사.

김신애, 방준성, 권희경(2018). 교육 분야 「국가디지털전환」 기획의 방향성 탐색. 한국교육, 45(4), 173-200.

김희경, 박종임, 정연준, 박상욱, 김창환, 이채희, 최재화(2014). 맞춤형 교육 지원을 위한 형성평가 체제 도입 (1)-온·오프라인 형성평가 시스템 설계. 한국교육과정평가원 연구보고서, RRE 2014-9.

노태희 외 12인 (2018). 중학교 과학1. 천재교과서.

백순근(2019). 교육평가의 이론과 실제. 교육과학사.

서민원(2016). 객관성, 공정성, 신뢰성, 투명성 확보를 위한 수행평가 모델 방안.

성경희, 조영달(2012). 사회과 수업에서 교사의 테크놀로지 활용 교수법적 내용지식(TPACK) 형성 과정에 대한 사례연구. 사회과 교육, 51(2), 41-60.

이주호(2020). 글로벌 학습 위기와 학습혁명 기회 (Leapfrog in Education). KDI국제정책대학원. 20-12.

한국교육평가학회(2004). 교육평가용어사전.

한국교육과정평가원(2016). 2015 개정 교육과정에 따른 초·중학교 과학과 평가기준개발 연구.

Frey, N. & Fisher, D.(2011). 강정임 역(2021). 피드백, 이렇게 한다. 교육을바꾸는사람들.

Hattie, J. & Timperley, H.(2007). The power of feedback. Review of Educational Research, 77, 81-112.

James H. McMillan(2015). 교실 평가의 원리와 실제: 기준참조수업과의 연계.

Jane, L. H., David, H, J. & Rose, M. M(2011). 이영주, 조영환, 조규락, 최재호 역(2014). 테크놀로지와 함께하는 유의미 학습. 아카데미프레스.

Koehler, M. & Mishra, P.(2009). What is technological pedagogical content knowledge (TPACK)?. Contemporary issues in technology and teacher education, 9(1), 60-70.

Michael, B. H. & Heather Staker(2014). 장혁, 백영경 역(2017). 블렌디드. 에듀니티.

Mishra, P. & Koehler, M. J.(2006). Technological pedagogical content knowledge: A framework for teacher knowledge. Teachers college record, 108(6), 1017-1054.

MYP From Principles into practices(2014), IBO.

Shulman, L. S.(1986). Those who understand: Knowledge growth in teaching. Educational Researcher, 15(2), 4-14.

Van Leusen, P, Cunningham, J. & Johnson, D. P.(2020). Designing and Teaching Adaptive+Active Learninf Effectively. Current Issues in Emerging eLearning, 7(1), 2.

교사, 평가에
질문하다

초판 1쇄 발행 2021년 12월 30일

지은이 이은상, 김준구, 안영석, 한얼, 김동건

발행인 송진아
편 집 아이핑크
디자인 권빛나
제 작 제이오
펴낸곳 푸른칠판
등 록 2018년 10월 10일(제2018-000038호)
팩 스 02-6455-5927
이메일 greenboard1@daum.net

ISBN 979-11-91638-05-9 13370